AF187373

Tucholsky   Wagner   Zola   Scott   Freud   Schlegel
  Turgenev   Wallace   Fonatne Sydow

    Twain   Walther von der Vogelweide Fouqué   Friedrich II. von Preußen
             Weber   Freiligrath
                                Kant   Ernst   Frey
Fechner   Weiße Rose von Fallersleben   Richthofen   Frommel
        Fichte
                                        Hölderlin
      Fehrs   Engels   Fielding Eichendorff Tacitus   Dumas
               Faber   Flaubert
                                    Eliasberg   Ebner Eschenbach
           Maximilian I. von Habsburg Fock   Zweig
Feuerbach   Ewald   Eliot   Vergil
         Goethe   London
Mendelssohn Balzac   Shakespeare   Elisabeth von Österreich
                     Lichtenberg   Rathenau   Dostojewski   Ganghofer
    Trackl   Stevenson   Hambruch Doyle   Gjellerup
Mommsen   Tolstoi   Lenz   Droste-Hülshoff
        Thoma   Hanrieder
Dach   Verne von Arnim   Hägele   Hauff   Humboldt
     Karrillon Reuter   Rousseau   Hagen   Hauptmann   Gautier
               Garschin   Defoe   Baudelaire
      Damaschke   Descartes Hebbel
                                        Hegel   Kussmaul Herder
Wolfram von Eschenbach   Dickens Schopenhauer
     Bronner   Darwin   Melville   Grimm Jerome   Rilke   George
     Campe   Horváth   Aristoteles   Bebel   Proust
Bismarck   Vigny   Barlach   Voltaire Federer   Herodot
             Gengenbach   Heine
   Storm   Casanova   Tersteegen   Grillparzer Georgy
         Chamberlain Lessing Langbein   Gilm   Gryphius
Brentano   Lafontaine
  Strachwitz   Claudius Schiller Schilling Kralik Iffland Sokrates
                        Bellamy
     Katharina II. von Rußland Gerstäcker Raabe Gibbon Tschechow
Löns   Hesse Hoffmann   Gogol   Wilde   Vulpius
 Luther Heym Hofmannsthal   Gleim
       Roth   Heyse Klopstock Klee Hölty Morgenstern Goedicke
Luxemburg   Puschkin Homer   Kleist
            La Roche   Horaz   Mörike   Musil
   Machiavelli   Kraft   Kraus
Navarra Aurel Musset   Kierkegaard
  Nestroy Marie de France Lamprecht Kind Kirchhoff Hugo   Moltke
                  Laotse   Ipsen   Liebknecht
  Nietzsche   Nansen
             Marx   Lassalle Gorki   Ringelnatz
 von Ossietzky   May   Klett Leibniz
              vom Stein Lawrence   Irving
Petalozzi
   Platon   Pückler Michelangelo   Knigge   Kafka
 Sachs   Poe   Kock
   de Sade Praetorius Mistral Zetkin   Korolenko

Der Verlag tredition aus Hamburg veröffentlicht in der Reihe **TREDITION CLASSICS** Werke aus mehr als zwei Jahrtausenden. Diese waren zu einem Großteil vergriffen oder nur noch antiquarisch erhältlich.

Symbolfigur für **TREDITION CLASSICS** ist Johannes Gutenberg (1400 — 1468), der Erfinder des Buchdrucks mit Metalllettern und der Druckerpresse.

Mit der Buchreihe **TREDITION CLASSICS** verfolgt tredition das Ziel, tausende Klassiker der Weltliteratur verschiedener Sprachen wieder als gedruckte Bücher aufzulegen – und das weltweit!

Die Buchreihe dient zur Bewahrung der Literatur und Förderung der Kultur. Sie trägt so dazu bei, dass viele tausend Werke nicht in Vergessenheit geraten.

Reise in Rußland

Joseph Roth

Impressum

Autor: Joseph Roth
Umschlagkonzept: toepferschumann, Berlin

Verlag: tredition GmbH, Hamburg
ISBN: 978-3-8424-9287-5
Printed in Germany

I. Die zaristischen Emigranten

Frankfurter Zeitung, 14. 9. 1926

Lange bevor man noch daran denken konnte, das neue Rußland aufzusuchen, kam das alte zu uns. Die Emigranten trugen den wilden Duft ihrer Heimat, der Verlassenheit, des Bluts, der Armut, des außergewöhnlichen, romanhaften Schicksals. Es paßte zu den europäischen Klischee-Vorstellungen von den Russen, daß sie solches erlebt hatten, Ausgestoßene waren, von warmen Herden Vertriebene, Wanderer durch die Welt ohne Ziel, Entgleisende mit der alten literarischen Verteidigungs-Formel für jeden Sprung über gesetzliche Grenzen: »die russische Seele«. Europa kannte die Kosaken aus dem Varieté, die russischen Bauernhochzeiten aus opernhaften Bühnenszenen, die russischen Sänger und die Balalaikas. Es erfuhr (auch nachdem Rußland zu uns gekommen war) niemals, wie sehr französische Romanciers die konservativsten der Welt – und sentimentale Dostojewski-Leser den russischen Menschen umgelogen hatten zu einer kitschigen Gestalt aus Göttlichkeit und Bestialität, Alkohol und Philosophie. Samowarstimmung und Asiatismus. Was hatten sie aus der russischen Frau gemacht! – Eine Art Menschtier, mit Treue begabt und Leidenschaft zum Betrug, eine Verschwenderin und eine Rebellierende, eine Literatenfrau und eine Bombenfabrikantin. Je länger die Emigration dauerte, desto näher kamen die Russen der Vorstellung, die man sich von ihnen gemacht hatte. Sie taten uns den Gefallen und assimilierten sich an unser Klischee. Das Gefühl, Träger einer »Rolle« zu sein, linderte vielleicht ihr Elend. Sie trugen es leichter, wenn sie literarisch gewertet wurden. Der russische Fürst als Chauffeur eines Pariser Taxis steuert unmittelbar in die Literatur. Sein Schicksal mag grausam sein. Aber es ist belletristisch verwendbar.

Das anonyme Leben der Emigranten wurde eine öffentliche Produktion. Wie erst, wenn sie sich selbst zur Schau stellten. Hunderte gründeten Theater, Sängerchöre, Tanzgruppen und Balalaika-Orchester. Zwei Jahre lang waren alle neu, echt, verblüffend. Später wurden alle selbstverständlich und langweilig. Sie verloren die Beziehung zur heimatlichen Erde. Sie entfernten sich immer mehr von Rußland – und Rußland noch mehr von ihnen. Europa kannte schon Meyerhold – sie hielten immer noch bei Stanislawsky. Die »blauen Vögel« fingen an, deutsch, französisch, englisch zu singen. Schließlich flogen sie nach Amerika und verloren das Gefieder.

Die Emigranten betrachteten sich als die einzigen Vertreter des Echt-Russischen. Was nach der Revolution in Rußland wuchs und von Bedeutung wurde, verleumdeten sie als »unrussisch«, »jüdisch«, »international«. Europa hatte sich längst daran gewöhnt, in Lenin einen russischen Repräsentanten zu sehen. Die Emigranten hielten noch bei Nikolaus dem Zweiten. Sie hielten mit rührender Treue an der Vergangenheit fest, aber sie vergingen sich gegen die Geschichte. Und sie selbst reduzierten ihre Tragik.

Ach! sie mußten leben. Deshalb ritten sie in Pariser Hippodromen heimatliche Kosaken-Galoppe auf fremdblütigen Pferden, bekleideten sie sich mit krummen Türkensäbeln, die auf dem Flohmarkt von Glignaucourt erworben waren, führten sie leere Patronentaschen und stumpfe Dolche auf dem Montmartre spazieren, setzten sie auf ihre Häupter große Bärenmützen aus echten Katzenfellen und standen furchtbar anzusehn als Häuptlinge aus Dongebieten vor den Drehtüren der Etablissements, auch wenn sie in Wolhynien zur Welt gekommen waren. Manche avancierten auf unkontrollierbaren Nansen-Pässen zu Großfürsten. Es war ja auch gleichgültig. Alle konnten sie mit der gleichen Fertigkeit aus den Balalaikas Heimweh und Schwermut zupfen, rote Saffianstiefel mit silbernen Sporen tragen und hockend in tiefer Kniebeuge auf einem Absatz herumwirbeln. Eine Fürstin sah ich in einem Pariser Varieté eine russische Hochzeit darstellen. Sie war eine strahlende Braut, Nachtwächter aus der Rue Pigalle, als Bojaren verkleidet, wuchsen Spalier, wie aus Blumentöpfen, eine Kathedrale aus Pappe leuchtete im Hintergrund, aus ihr trat der Pope mit einem Bart aus Watte, gläserne Edelsteine funkelten im russischen Sonnenglanz, der aus dem Scheinwerfer floß und die Kapelle träufelte aus gedämpften Geigen das Lied von der Wolga in die Herzen des Publikums. Andere Fürstinnen waren Kellnerinnen in russischen Lokalen, Notizblöcke hingen an tulasilbernen Ketten an ihren Schürzen, ihre Köpfe standen stolz im Nacken, Musterbeispiele standhafter Emigrantentragik.

Andere, Gebrochene, saßen still auf den Bänken der Tuilerien, des Luxemburggartens, des Wiener Praters, des Berliner Tiergartens, an den Ufern der Donau in Budapest und in den Caféhäusern von Konstantinopel. Mit den Reaktionären eines jeden Landes hatten sie Verbindung. Sie saßen da und trauerten ihren gefallenen Söhnen und Töchtern nach, ihren vermißten Frauen – aber auch der goldenen Taschenuhr, dem Geschenk Alexanders des Dritten. Viele hatten Rußland verlassen, weil sie »das Elend des Landes nicht ansehen konnten«. Ich kenne russische Juden, die, noch vor wenigen Jahren von Denikin und Petljura »enteignet«, heute dennoch nichts mehr auf der Welt hassen als Trotzki, der ihnen nichts getan hat. Sie wollen ihren falschen Taufschein wieder haben, mit dem sie sich demütig, unwürdig einen verbotenen Aufenthalt in den großen russischen Städten erschlichen hatten.

In dem kleinen Hotel im Pariser Quartier Latin, in dem ich wohnte, lebte einer der bekannten russischen Fürsten, mit Vater, Frau, Kindern und einer »bonne«. Der alte Fürst war noch echt. Er kochte seine Suppe auf einem Spirituskocher, und, obwohl er mir bekannt war als eine antisemitische Kapazität und eine Leuchte im Bauern-Schinden, erschien er mir dennoch rührend an feuchten herbstlichen Abenden, durch die er frierend kroch, ein Symbol, kein Mensch mehr, ein Blatt, abgeweht vom Baum des Lebens. Aber sein Sohn, in der Fremde erzogen, elegant von Pariser Schneidern eingekleidet, von reicheren Großfürsten erhalten – wie anders war er! Im Telephonzimmer konferierte er mit gewesenen Leibgardisten, an falsche und an echte Romanows schickte er Ergebenheits-Adressen zu Geburtstagen und den Damen im Hotel legte er kitschige rosa Liebesbriefchen in die Schlüsselfächer. Zu zaristischen Kongressen eilte er in Automobilen und er lebte wie ein kleiner emigrierter Gott in Frankreich. Wahrsager, Popen, Kartenleser, Theosophen kamen zu ihm, alle, die die russische Zukunft kannten, die Wiederkehr der großen Katharina und der Trojkas, der Bärenjagden und der Kalorga, Rasputins und der Leibeigenschaft...

Alle verloren sich. Sie verloren das Russentum und den Adel. Und, weil sie nichts mehr gewesen waren als Adelige und Russen, hatten sie alles verloren. Sie sanken aus ihrer eigenen Tragik. Dem großen Trauerspiel entfielen die Helden. Die Geschichte ging unerbittlich ihren eisernen und blutigen Weg. Unsere Augen wurden müde, ein Elend zu betrachten, das sich selbst so billig gemacht hatte. Wir standen vor den Überresten, die ihre eigene Katastrophe nicht begriffen, wir wußten mehr von ihnen, als sie uns erzählen konnten, und, Arm in Arm mit der Zeit, gingen wir über die Verlorenen hinweg, grausam und dennoch traurig. –

II. Die Grenze Niegoreloje

Frankfurter Zeitung, 21 9. 1926

Die Grenze Niegoreloje ist ein großer brauner hölzerner Saal, in den wir alle eintreten müssen. Gütige Träger haben unsere Koffer aus dem Zug geholt. Die Nacht ist sehr schwarz, es ist kalt und es regnet. Deshalb sahen die Träger so gütig aus. Mit ihren weißen Schürzen und ihren starken Armen kamen sie uns helfen, als wir fremd an die Grenze stießen. Ein Mann, der dazu befugt war, hat mir noch im Zug den Paß abgenommen, mich meiner Identität beraubt. So, ganz und gar nicht ich, ging ich über die Grenze. Man hätte mich mit jedem beliebigen Reisenden verwechseln können. Später allerdings stellte es sich heraus, daß die russischen Zollrevisoren mich nicht verwechselten. Intelligenter als ihre Kollegen aus andern Ländern wußten sie, zu welchen Zwecken ich reise. Im braunen hölzernen Saal hatte man uns schon erwartet. Gelbe, warme elektrische Lampen waren an der Decke entzündet. Auf dem Tisch, an dem der Oberste der Zollrevisoren saß, brannte, freundliche Grüßerin aus vergangenen Zeiten, eine Petroleumlampe mit Rundbrenner und lächelte. Die Uhr an der Wand zeigte die osteuropäische Zeit. Die Reisenden, beflissen, ihr nachzukommen, rückten ihre Uhren um eine Stunde vor. Es war also nicht mehr zehn, sondern schon elf. Um zwölf mußten wir weiterfahren.

Wir waren wenige Menschen, aber viele Koffer. Die meisten gehörten einem Diplomaten. Sie blieben laut Gesetz unberührt. Keusch, wie sie vor der Abfahrt gepackt waren, müssen sie am Ziel ankommen. Sie enthalten nämlich sogenannte Staatsgeheimnisse. Dagegen werden sie sorgfältig in Listen eingetragen. Es dauerte lange. Der Diplomat beschäftigte unsere tüchtigsten Revisoren. Und indessen verstrich die osteuropäische Zeit.

Draußen, in der feuchten Schwärze der Nacht, rangierte man den russischen Zug. Die russische Lokomotive pfeift nicht, sondern heult wie eine Schiffssirene, breit, heiter und ozeanisch. Wenn man durch die Fenster die nasse Nacht sieht und die Lokomotive hört, ist es wie am Ufer des Meeres. In der Halle wird es beinahe behaglich. Die Koffer fangen an sich auszubreiten, aufzugehen, als wäre ihnen heiß. Aus dem dicken Gepäck eines Kaufmanns aus Teheran klettern hölzerne Spielzeuge, Schlangen, Hühner und Schaukelpferde. Kleine Stehaufmännchen schaukeln leise auf dem bleibeschwerten Bauch. Ihre bunten, lächerlichen Gesichter, von der Petroleumlampe grell beleuchtet, von vorüberhuschenden Schatten der Hände abwechselnd verdunkelt, werden lebendig, verändern ihren Ausdruck, grinsen, lachen und weinen. Die Spielzeuge klettern auf eine Küchenwaage, lassen sich wiegen, kollern wieder auf den Tisch und hüllen sich in raschelndes Seidenpapier. Aus dem Koffer einer jungen, hübschen und etwas verzweifelten Frau quillt schimmernde, schmale, bunte Seide, Streifen eines zerschnittenen Regenbogens. Dann folgt Wolle, die sich bauscht, bewußt atmet sie wieder frei nach langen Tagen luftloser, zusammengepreßter Existenz. Schmale graue Halbschuhe mit Silberspangen legen ihr Zeitungspapier ab, das sie verbergen sollte, die vierte Seite des »Matin«. Handschuhe mit bestickten Manschetten entsteigen einem kleinen Sarg aus Pappendeckel. Wäsche, Taschentücher, Abendkleider, groß genug um eine Hand des Revisors zu bekleiden, schweben empor. Alle spielerischen Utensilien einer reichen Welt, alle eleganten, polierten Sächelchen liegen fremd und dreifach nutzlos in dieser harten, braunen, nächtlichen Halle, unter den schweren Balken aus Eichenholz, unter den strengen Plakaten mit den eckigen Buchstaben wie geschliffene Beile, in diesem Duft von Harz, Leder und Petroleum. Da stehen die flachen und die bauchigen kristallenen Flakons mit den saphirgrünen und bernsteingelben Flüssigkeiten, lederne Maniküretuis öffnen ihre Flügel wie heilige Schreine, kleine Damenschuhe trippeln über den Tisch.

Niemals noch sah ich eine so genaue Visitation, auch nicht in den ersten Jahren nach dem Krieg, in der vollen Blütezeit der Revisoren. Es scheint doch, daß hier nicht eine gewöhnliche Grenze ist zwischen Land und Land, sie will eine Grenze sein zwischen Welt und Welt. Der proletarische Zollbeamte – der kundigste der Welt – wie oft hat er selbst verbergen und entkommen müssen! – revidiert zwar Bürger aus neutralen und selbst freundlichen Staaten, aber Menschen einer feindlichen Klasse. Das sind Abgesandte des Kapitals, Händler und Spezialisten. Sie kommen nach Rußland, vom Staat gerufen, vom Proletariat befehdet. Der Zollbeamte weiß, daß diese Kaufleute in den Läden Fakturen säen und daß dann in den Schaufenstern wunderbare, teure, dem Proletarier unerreichbare

Waren aufgehen werden. Er revidiert zuerst die Gesichter und dann die Koffer. Er erkennt die Heimkehrenden, die jetzt mit neuen polnischen, serbischen, persischen Pässen versehen sind.

Spät, in der Nacht noch, stehen die Reisenden im Gang und können den Zoll nicht verschmerzen. Alles erzählen sie einander, was sie mitgebracht, was sie bezahlt und was sie geschmuggelt haben. Stoff genug für lange russische Winterabende. Die Enkel werden es noch hören müssen.

Die Enkel werden es hören und das merkwürdige, verworrene Antlitz dieser Zeit wird vor ihnen auftauchen, der Zeit an ihrer eigenen Grenze, der Zeit mit ihren ratlosen Kindern, den roten Revisoren, den weißen Reisenden, den falschen Persern, den Rotarmisten in den langen sandgelben Mänteln, deren Saum den Boden berührt, der feuchten Nacht von Niegoreloje, dem lauten Keuchen schwer bepackter Träger.

Kein Zweifel, diese Grenze hat historische Bedeutung. Ich fühle sie in dem Augenblick, in dem die Sirene breit und heiser aufheult und wir hinausschwimmen in dunkles, weites, ruhiges Land. –

III. Gespenster in Moskau

Frankfurter Zeitung, 28. 9. 1926

Wer leuchtet mir von den Plakatwänden entgegen? – Der »Maharadschah«. Mitten in Moskau! Gunnar Tolnaes, der stumme Tenor aus dem hohen Norden, schreitet siegreich durch Kanonendonner, Blut, Revolution, unverletzbar, wie jedes echte Gespenst. In seinem Gefolge befinden sich die ältesten Kinodramen Europas und Amerikas. Die Häuser, in denen sie gespielt werden, sind überfüllt. Hoffte ich nicht, den Maharadschahs und ihresgleichen zu entkommen, als ich hierherfuhr? Um ihn zu erblicken, bin ich nicht gekommen. Schicken sie uns den »Potemkin« und lassen sich dafür den Gunnar kommen, die Russen? Welch ein Tausch! Sind *wir* die Revolutionäre und *sie* die Spießer? Welch eine verrückte Welt! – – Mitten in Moskau spielt man den »Maharadschah« ...

In den Auslagen der wenigen Frauen-Mode-Läden hängen alte Kostüme, lange, breite Glockenformen. Bei den Modistinnen kann man die ältesten Hutformen sehen. Auf den Köpfen der Bürgerinnen auch. Sie tragen breitrandige Hüte mit Reihern; Napoleonische Dreispitze; Kolpaks mit Schleiern; lange Haare und lange Kleider bis zu den Knöcheln. Und diese Tracht ist nicht nur die Folge einer Not, sondern zum Teil auch eine Manifestation konservativer Gesinnung. Justament bleiben sie beim Sonnenschirm.

Ich ging in den »Maharadschah«, um zu sehen, wer ihn besuchte: es waren die alten Kolpaks, die Schleier, die Mieder und die Sonnenschirme.

Es kam die alte, geschlagene Bourgeoisie. Man sieht es ihr an, daß sie die Revolution nicht überlebt, sondern nur überstanden hat. Ihr Geschmack hat sich in den letzten Jahren nicht gewandelt. Sie ist den Weg der europäischen und amerikanischen oberen und mittleren Gesellschaftsschichten nicht gegangen, den Weg vom Sommernachtstraum zur Negerrevue, von Kriegs-Auszeichnungen zu Gedenktagen, von der Helden-Verehrung zur Boxer-Verehrung, vom Ballett-Corps zum Girl-Bataillon und von der Kriegsanleihe zum Grab des Unbekannten Soldaten. Das alte russische Bürgertum ist im Jahre 1917 stehen geblieben. Es möchte im Kino die Sitten, Gebräuche, Schicksale, Möbelstücke seiner Zeitgenossen sehen: Offiziere, die nicht etwa bei der Roten Armee sind, sondern noch im feudalen Kasino verkehren; Liebes-Leidenschaften, die zum Polterabend führen und nicht zur zeremoniellen Sowjet-Ehe vor einem Matrikel-Schreiber; Duellmöglichkeiten zwischen Ehrenmännern; Schreibtische mit Dachgiebeln; Speiseschränke mit Nippes-Sachen; und romantische Erotik. Man möchte die Welt wiedersehen, in der man zwar auch schon unsicher gelebt hat, von der man aber heute glaubt, sie wäre paradiesisch gewesen. Deshalb sind die alten Kinodramen ausverkauft. In Paris werden sie schon unter dem höhnischen Titel: »20 Minuten vor dem Krieg« gegeben. Der französische Bürger lacht über dasselbe Schicksal, das sein russischer Klassengenosse mit ernster Spannung verfolgt.

Ich spreche jetzt vom *alten* russischen Bürger. Denn schon wächst ein *neuer* heran, mitten in der Revolution entsteht er, von ihr am Leben gelassen. Von ihren Gnaden darf er Geschäfte machen und ihre Einschränkungen versteht er zu umgehen. Stark, lebendig, aus einem ganz andern Material als sein Vorgänger, ein Freibeuter halb und halb ein Händler, trägt er mit einem gewissen Trotz seinen Namen: »Nepmann«, der im ganzen Land und jenseits der Grenzen einen degradierenden Klang hat. Ohne Sentimentalität, wie er ist, läßt er sich nicht bannen, weder von einer Weltanschauung noch von Gegenständen noch von Moden noch von literarischen und künstlerischen Erzeugnissen noch von einer Moral. Er unterscheidet sich ganz deutlich vom alten Bürger, ganz deutlich vom Proletariat. Er wird erst in einigen Jahrzehnten seine ihm passenden Formen, Traditionen und konventionellen Lügen haben – – wenn er am Leben bleibt...

Ich spreche also nicht von ihm, sondern vom alten Bürger und vom alten »Intellektuellen«. Er hat keine Lebenskraft mehr. Sein ehrlicher kleiner revolutionärer Idealismus, seine gutherzige, aber enge Liberalität ist vom großen Brand der Revolution erstickt worden – wie eine Kerze erlischt in einem brennenden Hause. Er leistet dem Sowjetstaate Dienste. Er lebt von kargen Gehältern und er führt immer noch seine alte Lebensweise in einem sehr reduzierten Umfang weiter. Er hat noch ein paar häßliche Andenken aus Karlsbad, ein Familienalbum, ein Lexikon, einen Samowar und Bücher mit Lederrücken. An stillen Abenden spielt seine Frau auf dem

Klavier. Aber der Sinn seines Daseins war: ein nützliches Mitglied der bürgerlichen Gesellschaft zu sein und seinen Sohn, wenn möglich, zu einem bedeutenden zu machen. Die äußeren Weihen seiner stillen Existenz waren kleine Auszeichnungen und kleine Rangerhöhungen, Gehaltszulage, private Familienfeier und zuverlässiger Schwiegersohn.

Nichts von all dem ist geblieben. Seine Tochter fragt ihn nicht, bevor sie zu irgendeinem Mann ins Zimmer zieht. Seinem Sohn kann er keine »Grundsätze« mehr fürs Leben geben. Der Sohn kennt sich in der russischen Gegenwart genauer aus, und er führt seinen Vater in ihr herum wie einen Blinden. Der Vater wird ohne Rang und ohne Ehren zu Grabe getragen werden. (Auch der Tod hat seine Feierlichkeit verloren.) Zwar dient er heute dem neuen Auftraggeber mit der alten Ehrlichkeit und Treue, die des Bürgers schönste Tugend ist. Er mag sogar mit dieser Welt zufrieden sein und sie bejahen. Und dennoch, dennoch ist er fremd und tot in ihr. Schon, daß er sie nicht ersehnt und nicht erkämpft hat und daß sie dennoch geworden ist, stellt ihn außerhalb ihrer eigentlichen, ihrer inneren Grenzen. Die blutige Entschiedenheit, mit der sie geworden ist, wird ihm immer unbegreiflich sein. Sein stark ausgeprägtes Gerechtigkeitsgefühl kann sich mit der Unvollkommenheit neuer Einrichtungen nicht zufrieden geben. Die Fehler der neuen Welt erspäht er mit einem viel schnelleren und kritischeren Auge als dereinst die Fehler der alten. Auch gegen diese hatte er sich aufgelehnt. Aber er war schließlich ihr Kind, auch als stiller Empörer. (Ein lauter ist er niemals gewesen.) Und so kommt es, daß in Rußland dasselbe liberale Bürgertum, das im Jahre 1905 mit dem *wirklichen* meuternden Panzerkreuz »Potemkin« sympathisierte, das in Odessa die rote Flagge der Rebellen grüßte und das schließlich von den Kosaken niedergeschossen wurde – – daß dieses Bürgertum heute den *gefilmten* »Potemkin« nicht mehr sehen will.

Die Geschmacksverirrungen des Vorkriegsbürgers; eine gewisse frischfröhliche ahnungslose Ekstase der Vorkriegsjugend; ein ganz bestimmter enger Eifer, der wie ein stumpfer Pfeil ist und infolgedessen nur Oberfläche trifft; eine *bewußte* Abgrenzung gegen alles, was man irrtümlicherweise »Luxus« und »nutzlos« in den neunziger Jahren genannt hat; ein *freiwilliger* Verzicht auf geistige Verwöhntheit und auf jene Anmut des Menschen, die bereits ins Metaphysische hineinreicht; eine hartnäckige Verwechslung der großen und weiten, allerdings nicht tagespolitischen Tendenz mit Tendenz-los-nur-Schönem und »Bürgerlich Spielerischem« – – das alles ist wieder das *Gespenst der Revolutionären*. Das haben sie vom aufgeklärten Liberalismus der kleinen französischen Bourgeoisie übernommen. Das sind die gesunden, rotwangigen, robusten Tages-Gespenster. Sie haben zu viel Fleisch und Blut, um lebendig zu sein.

Man hat Homer als eine Art »Religionsunterricht« vollkommen aus den Schulen abgeschafft. Nie mehr soll in Rußland ein Hexameter skandiert werden. Es ist sozusagen eine vollkommene Trennung von Staat und Humanismus durchgeführt worden. Sophokles, O-vid, Tacitus müssen also als Repräsentanten »bourgeoiser« Geistigkeit verstanden worden sein. Was die bürgerlichen Oberlehrer der klassischen Philologie am Altertum gesündigt haben, muß es selbst offenbar büßen. Welch eine Gelegenheit wäre hier gewesen, die Verlogenheiten alter Kommentare in wirklich revolutionärer Weise aufzudecken! Zu zeigen, wie weit entfernt die historische Wirklichkeit und auch die innere Wahrheit von der überlieferten edlen und »klassischen« Gebärde war; wie groß der Unterschied zwischen den aristokratischen Helden war, welche die Dreiruderer befehligen und den tausend Sklaven, die eng an die Ruderbänke gefesselt, die Flotte gegen einen »Feind« führen, der ihr Bruder ist; wie grausam, sinnlos und barbarisch der Tod der Dreihundert in den Thermopylen war – für ein Vaterland, das seinen Opfern zwei ganze Verszeilen schenkt; zu fragen, was mit den Witwen und Waisen dieser Dreihundert geschehen ist; zu lehren, daß Patroklus immer begraben liegt und daß Thersites immer zurückkehrt; die fürchterliche Leichenschändung, die Achilles an Hektor begeht, *so* zu lesen, wie Homer sie beschreibt – nämlich so, daß jeden ein Grauen schüttelt vor dem Protektionskind blinder, ungerechter, grausamer Götter – einer sozusagen herrschenden Klasse des Altertums; Ovids untertänige Schmeichelwidmungen nicht nur als Beispiele lateinischen »früh-epischen« Stils vorzutragen, sondern als abschreckendes Exempel einer Zeit, in der ein schaffender Mensch, also immerhin auch ein Arbeiter, seine Arbeit verrät und seine Würde verleugnet. – –

Das alles will also die Revolution in Rußland versäumen! Sie protegiert in der Schule das »Praktische«, das ohne Zweifel für morgen taugt, aber nicht mehr für übermorgen. Sie verzichtet auf das fundamentale Material, auf dem sie ihre Häuser bauen könnte, wie die alte Welt ihre Tempel und Paläste gebaut hat...

Es geht der Atem durch einen großen Teil des geistigen Lebens in Rußland, der bei uns vor zwanzig Jahren ein frischer war. Es war die Zeit, in der der »Schillerkragen« Rationalismus mit Naturbegeisterung auf jeder männlichen Brust entblößte. Neben ihm grassiert die »sexuelle Aufklärung«, die, wie man weiß, Schleier lüften will, aber Türen aufreißt. Hygiene wird Epidemie. Eine Literatur, die mit kleinbürgerlichen artistischen Mitteln arbeitet, hält schützend vor sich die dick aufgetragene Tendenz, so, daß man sie nicht treffen kann, will man die Revolution nicht verletzen. Eine billige Symbolik, die sprachliche Metaphern ins ursprünglich Gemalte und Geformte zurück-übersetzt, also gesprochene Bilder in Farben ausdrückt, kennzeichnet viele Ausstellungen der bildenden Kunst. Es gibt Plakate mit Buchstaben, die vor lauter Deutlichkeit unleserlich werden, Bögen, die in Giebel verwandelt sind, Kreise in Rechtecke, schwingende Rundungen in stumpfe Trapeze.

Daß Gott aufgehört hat, zu existieren, weil die Popen nicht mehr vom Staat erhalten werden, scheint die Überzeugung der meisten zu sein. Die Naivität in metaphysischen Fragen findet man in dieser Art und Vollkommenheit nur noch in Amerika. Und in Moskau kam es wirklich zu einem öffentlichen Disput zwischen dem Führer einer der häufigen amerikanischen Delegationen und einem Moskauer Professor über die Existenz Gottes und über die Verträglichkeit des Glaubens mit der marxistischen Weltanschauung. Und es war ganz wie in einem New Yorker Klub ...

Es wäre freilich anders kaum möglich. Vielleicht *muß* die große Masse zuerst durch die Oberfläche der Erkenntnis. Sie ist ja kaum einige Jahre befreit von der tiefsten Blindheit! Wahrscheinlich muß es dauern, bis allgemein wird, was wirklich neu im Schöpferischen ist. Denn eine neue Art, zu schaffen und aufzunehmen, zu schreiben und zu lesen, zu denken und zu hören, zu lehren und zu erfahren, zu malen und zu betrachten, ist hier entstanden. Daneben bleibt alles andere, was es ist: gespenstisch. –

IV. Auf der Wolga bis Astrachan

Frankfurter Zeitung, 5. 10. 1926

Der Wolga-Dampfer, der von Nishnij-Nowgorod nach Astrachan geht, liegt weiß und festlich im Hafen. Er erinnert an einen Sonntag. Ein Mann schüttelt eine kleine, unerwartet starke Glocke. Die Lastträger laufen, nur mit Trikothosen und einem Tragleder bekleidet, durch die hölzerne Halle. Sie sehen aus wie Ringer. Vor dem Kassenschalter stehen Hunderte. Es ist die zehnte Stunde eines hellen Vormittags. Ein fröhlicher Wind weht. Es ist hier wie bei der Ankunft eines neuen Zirkus außerhalb der Stadt.

Der Wolga-Dampfer trägt den Namen eines berühmten russischen Revolutionärs und hat vier Klassen für Passagiere. In der ersten fahren die neuen Bürger Rußlands, die Nep-Männer, dem Sommerurlaub entgegen, in den Kaukasus und in die Krim. Sie essen im Speisesaal, im spärlichen Schatten einer Palme, gegenüber dem Porträt des berühmten Revolutionärs. Es ist über der Tür mit Nägeln befestigt. Die jungen Bürgerstöchter spielen auf dem harten Klavier. Es klingt wie das Anschlagen metallener Löffel an Teegläser. Die Väter spielen Sechsundsechzig und klagen über die Regierung. Einige Mütter haben eine deutliche Vorliebe für orangefarbene Schals. Der Kellner ist keineswegs klassenbewußt. Als die Dampfer noch nach den Großfürsten hießen, war er schon Kellner. Ein Trinkgeld bringt in sein Angesicht jenen Ausdruck unterwürfigen Respekts, der die ganze Revolution vergessen läßt.

Die vierte Klasse befindet sich tief unten. Ihre Passagiere schleppen schwere Bündel, billige Körbe, Musikinstrumente und ländliche Geräte. Alle Nationen, die an der Wolga und weiter, in der Steppe und im Kaukasus, wohnen, sind hier vertreten: Tschuwaschen, Tschuwanen, Zigeuner, Juden, Deutsche, Polen, Russen, Kasacken, Kirgisen. Es gibt hier Katholiken, Orthodoxe, Mohammedaner, Lamaisten, Heiden, Protestanten. Hier sind Greise, Väter, Mütter, Mädchen, Kinder. Hier sind kleine Landarbeiter, arme Handwerker, wandernde Musikanten, blinde Korsaren, fliegende Händler, halbwüchsige Schuhputzer und die obdachlosen Kinder, die »Bezprizorni«, die von der Luft und vom Unglück leben. Die Menschen schlafen in hölzernen Schubläden, in zwei Etagen übereinander. Sie essen Kürbisse, suchen nach Ungeziefer auf den Köpfen der Kinder, stillen Säuglinge, waschen Windeln, kochen Tee und spielen Balalaika und Mundharmonika.

Am Tage ist dieser enge Raum beschämend, laut und unwürdig. In der Nacht aber weht eine Andacht durch ihn. So heilig sieht die schlafende Armut aus. Auf allen Gesichtern liegt das echte Pathos der Naivität. Alle Gesichter sind wie offene Tore, durch die man in weiße, klare Seelen sieht. Verwirrte Hände wollen die schmerzenden Lampen vertreiben wie zudringliche Fliegen. Männer bergen ihre Köpfe in den Haaren der Frauen, Bauern umklammern die heiligen Sensen, Kinder ihre schäbigen Puppen. Die Lampen schaukeln im Takt der stampfenden Maschinen. Rotbackige Mädchen entblößen lächelnd ihr offenes, weißes, starkes Gebiß. Ein großer Friede ist über der armen Welt, und als ein durchaus pazifistisches Wesen erweist sich der Mensch, solange er schläft.

Auf eine so billig symbolische Weise: oben und unten – sind reich und arm auf dem Wolga-Dampfer nicht getrennt. Unter den Passagieren der vierten Klasse sind reiche Bauern, unter den Passagieren der ersten nicht immer reiche Händler. Der russische Bauer fährt lieber in der vierten. Sie ist nicht nur billiger. Der Bauer ist in ihr auch heimischer. Die Revolution hat ihn von der Demut gegenüber dem »Herrn« befreit, aber noch lange nicht von der Demut gegenüber dem Objekt. In einem Restaurant, in dem ein schlechtes Klavier steht, kann der Bauer seinen Kürbis nicht mit Appetit essen. Ein paar Monate lang fuhren alle in allen Klassen. Dann schieden sie sich, beinahe freiwillig.

»Sehen Sie«, sagte mir ein Amerikaner auf dem Schiff, »was hat die Revolution erreicht? Die armen Leute drängen sich unten und die reichen spielen Sechsundsechzig!«

»Das ist aber auch die einzige Tätigkeit«, sagte ich, »der sie sich ohne Sorgen hingeben können! Der ärmste Schuhputzer in der vierten Klasse hat heute das Bewußtsein, daß er zu uns heraufkommen könnte, wenn er nur wollte. Die reichen Nepleute fürchten aber, daß er jeden Augenblick kommen würde. ›Oben‹ und ›unten‹ sind auf unserem Dampfer längst nicht mehr symbolische, sie sind rein sachliche Bestimmungen. Vielleicht werden sie einmal wieder symbolisch sein.«

»Sie werden es wieder sein«, sagte der Amerikaner.

Der Himmel über der Wolga ist nah und flach und mit unbeweglichen Wolken bemalt. Zu beiden Seiten, hinter den Ufern, sieht man in weiten Fernen jeden emporragenden Baum, jeden aufsteigenden Vogel, jedes weidende Tier. Ein Wald wirkt hier wie ein künstliches Gebilde. Alles hat die Tendenz sich auszubreiten und zu zerstreuen. Dörfer, Städte und Völker sind weit voneinander entfernt. Gehöfte, Hütten, Zelte wandernder Menschen stehen da, umgeben von Einsamkeit. Die vielen verschiedenen Stämme vermischen sich nicht. Auch wer sich festgesetzt hat, bleibt sein Leben lang auf der Wanderung. Diese Erde gibt das Gefühl der Freiheit, wie bei uns nur das Wasser und die Luft. Hier würden auch die Vögel nicht fliegen wollen, wenn sie wandern könnten. Der Mensch aber streicht über das Land wie über einen Himmel, beschwingt und ohne Ziel, ein Vogel der Erde.

Der Fluß ist wie das Land: breit, unendlich lang (von Nishnij-Nowgorod bis Astrachan sind es mehr als zweitausend Kilometer) und sehr langsam. An seinen Ufern erwachsen erst spät die »Wolga-Hügel«, niedrige Würfel. Ihr nacktes felsiges Innere haben sie dem Fluß zugekehrt. Sie sind nur der Abwechslung wegen da, eine spielerische Viertelstunde Gottes hat sie geschaffen. Hinter ihnen dehnt sich wieder die Fläche, vor der die Horizonte zurückweichen, immer weiter, bis hinter die Steppe.

Ihren großen Atem schickt sie über die Hügel, über den Fluß. Man schmeckt die Bitternis der Unendlichkeit. Im Anblick der großen Berge und der uferlosen Meere fühlt man sich verloren und bedroht. Gegenüber der weiten Ebene ist der Mensch verloren, aber getröstet. Er ist nichts mehr als ein Halm, aber er wird nicht untergehen: Man ist wie ein Kind, das in der ersten Stunde eines Sommermorgens erwacht, wenn alle noch schlafen. Man ist verloren und geborgen zugleich in der unbegrenzten Stille. Wenn eine Fliege summt, ein gedämpfter Pendelschlag tönt, liegt in diesen Geräuschen dieselbe tröstliche, weil überirdische und zeitlose Trauer einer weiten Ebene.

Wir halten vor Dörfern, deren Häuser aus Holz sind und aus Lehm, mit Schindeln und mit Stroh gedeckt. Manchmal ruht die breite mütterliche gute Kuppel einer Kirche in der Mitte der Hütten, ihrer Kinder. Manchmal steht die Kirche an der Tête einer langen Hütten-Zeile und hat auf der Kuppel einen feinen spitzen langen Turm aufgepflanzt, wie ein vierkantiges französisches Bajonett. Es ist eine bewaffnete Kirche. Sie führt ein wanderndes Dorf an.

Kasan bleibt vor uns stehen, die Hauptstadt der Tataren. Ihre bunten Verkaufszelte lärmen am Ufer. Mit offenen Fenstern grüßt sie wie mit gläsernen Fahnen. Man hört das Getrappel ihrer Droschken. Man sieht das grüne und goldene abendliche Glänzen ihrer Kuppeln.

Eine Landstraße führt vom Hafen nach Kasan. Die Straße ist ein Fluß, es hat gestern geregnet. In der Stadt plätschern stille Teiche. Überreste eines Pflasters ragen selten in die Höhe. Die Straßentafeln und die Ladenschilder sind vom Kot bespritzt und unleserlich. Sie sind übrigens doppelt unleserlich, weil zum Teil in alter türkisch-tatarischer Schrift abgefaßt. Deshalb sitzen die Tataren lieber selbst vor den Läden und zählen jedem ihre Waren auf. Sie sind kluge Händler, wie man berichtet. Sie tragen schwarze Pinsel am Kinn. Seit der Revolution hat bei ihnen die alte Volkssitte des Analphabetismus um 25 Prozent abgenommen, jetzt können viele lesen und schreiben. In den Buchhandlungen liegen tatarische Schriften, die Zeitungsjungen rufen tatarische Blätter aus. Tatarische Beamte sitzen hinter dem Postschalter. Ein Postbeamter erklärte mir, die Tataren wären das tapferste der Völker. »Sie sind aber mit Finnen gemischt« – sagte ich boshaft. Der Postbeamte war beleidigt.

Mit Ausnahme der Gastwirte und der Händler sind alle mit der Regierung zufrieden. Die tatarischen Bauern haben im Bürgerkrieg bald mit den Roten, bald mit den Weißen gekämpft. Sie wußten manchmal gar nicht, worum es ging. Heute sind alle Dörfer des Kasaner Gouvernements politisiert. Die Jugend ist in den Komsomol-Organisationen. Wie bei den meisten mohammedanischen Völkern Rußlands ist auch bei den Tataren die Religion mehr Übung als Glaube. Die Revolution hat eher eine Gewohnheit zerstört als ein Bedürfnis unterdrückt. Die armen Bauern sind hier zufrieden wie überall in den Wolga-Gouvernements. Die reichen Bauern, denen man viel genommen hat, sind unzufrieden wie überall, wie die Deutschen in Pokrowsk, wie die Bauern von Stalingrad und die von Saratow.

Die Dörfer an der Wolga – mit Ausnahme der deutschen – liefern übrigens der Partei die gläubigsten jugendlichen Anhänger. In den Wolgagebieten kommt der politische Enthusiasmus vom Lande häufiger als aus dem städtischen Proletariat. Viele Dörfer waren hier von der Kultur am weitesten entfernt. Die Tschuwaschen zum Beispiel sind heute noch heimliche »Heiden«. Sie beten Götzen an und opfern ihnen. Für den naiven Naturmenschen aus dem Wolga-Dorf ist Kommunismus – Zivilisation. Für den jungen Tschuwaschen ist die städtische Kaserne der Roten Armee ein Palast und der Palast – der ihm auch offen steht – ein siebenhundertster Himmel. Elektrizität, Zeitung, Radio, Buch, Tinte, Schreibmaschine, Kino, Theater – also alles, was uns so ermüdet, belebt und erneuert den primitiven Menschen. Alles hat »die Partei« gemacht. Sie hat nicht nur die großen Herren gestürzt, sie hat auch das Telephon erfunden und das Alphabet. Sie hat den Menschen gelehrt, auf sein Volk stolz zu sein, auf seine Kleinheit, seine Armut. Sie hat seine niedrige Vergangenheit in ein Verdienst gewandelt. Vor dem Ansturm so vieler Herrlichkeiten erliegt sein bäuerliches instinktives Mißtrauen. Sein bewußter kritischer Sinn ist noch lange nicht wach. So wird er ein Fanatiker des neuen Glaubens. Das »kollektivistische Gefühl«, das dem Bauern fehlt, ersetzt er doppelt und dreifach durch Ekstase.

Die *Städte* an der Wolga sind die traurigsten, die ich je gesehen habe. Sie erinnern an die zerstörten Städte des französischen Kriegsgebiets. Diese Häuser brannten im roten Bürgerkrieg; und dann sahen ihre Trümmer den weißen Hunger durch die Straßen galoppieren.

Hundertmal, tausendmal starben die Menschen. Sie aßen Katzen, Hunde, Raben, Ratten und die verhungerten Kinder. Sie bissen sich die Hände wund und tranken ihr eignes Blut. Sie kratzten in der Erde nach fetten Regenwürmern und nach weißem Kalk, den das Auge für Käse hielt. Zwei Stunden, nachdem sie gegessen hatten, starben sie unter Qualen. Daß diese Städte überhaupt noch leben! Daß die Menschen feilschen und Koffer tragen und Äpfel verkaufen, Kinder zeugen und gebären! Schon wächst eine Generation heran, die das Grauen nicht kennt, schon stehen Gerüste da, schon sind Zimmerleute und Maurer beschäftigt, das Neue aufzurichten.

Ich wundere mich nicht darüber, daß diese Städte so schön sind nur aus der Höhe und aus der Ferne; daß mir in Samara ein Ziegenbock den Eintritt in das Hotel verwehrte; daß in Stalingrad ein Platzregen in mein Zimmer niederging; daß die Servietten aus buntem Packpapier sind. Wenn man über die schönen Dächer spazieren könnte, statt über das bucklige Pflaster!

Man kann in allen Städten des Wolgagebiets mit den Menschen dieselben Erfahrungen machen: Überall sind die Händler unzufrieden, die Arbeiter optimistisch, aber müde, die Kellner respektvoll und unzuverlässig, die Portiers demütig, die Schuhputzer unterwürfig. Und überall ist die Jugend revolutionär, – auch die Hälfte der bürgerlichen Jugend ist in den Pionier- und Komsomol-Organisationen.

Übrigens richten sich die Menschen nach meiner Kleidung: Wenn ich die Stiefel anziehe und ohne Krawatte bin, wird das Leben plötzlich märchenhaft billig. Die Früchte kosten ein paar Kopeken, eine Droschkenfahrt einen halben Rubel, man hält mich für einen ausländischen politischen Flüchtling, der in Rußland lebt, sagt »Genosse« zu mir, die Kellner haben proletarisches Bewußtsein und erwarten kein Trinkgeld, die Schuhputzer sind mit 10 Kopeken zufrieden, die Händler sind mit der Lage zufrieden, im Postamt bitten mich die Bauern, ich möchte ihnen eine Adresse auf ihren Brief schreiben, »mit klarer Schrift«. Wie teuer aber ist die Welt, wenn ich eine Krawatte anziehe! Man sagt: »Grashdanin« (Bürger) zu mir und schüchtern auch: »Gospodin« (Herr). Die deutschen Bettler sagen: »Herr Landsmann«. Die Händler fangen an, über die Steuern zu klagen. Der Wagenbegleiter erwartet einen Rubel. Der Speisewagenkellner erzählt, daß er eine Handelsakademie absolviert habe und »eigentlich ein intelligenter Mensch« sei. Er beweist es, indem er zwanzig Kopeken aufschlägt. Ein Antisemit gesteht mir, daß bei der Revolution nur die Juden gewonnen hätten. »Sogar in Moskau« dürften sie schon leben. Ein Mann möchte mir imponieren. Er erzählt, daß er im Krieg Offizier und in Magdeburg gefangen war. Ein Nep-Mann droht mir: »Alles werden Sie bei uns nicht sehen können!«

Indessen scheint es mir, daß ich in Rußland genau so viel, genau so wenig sehen kann wie in anderen fremden Ländern. Ich bin in keinem Lande noch von fremden Menschen so selbstverständlich, so freimütig eingeladen worden. Ich kann in Ämter, Gerichte, Spitäler, Schulen, Kasernen, Arreste, Strafanstalten, zu Polizeidirektoren und Universitätsprofessoren gehen. Der Bürger kritisiert lauter und schärfer, als dem Fremden angenehm ist. Ich kann mit dem Soldaten und mit dem Regimentskommandanten der Roten Armee in jedem Gasthaus über Krieg, Pazifismus, Literatur und Bewaffnung sprechen. In anderen Ländern ist es gefährlicher. Die Geheimpolizei ist wahrscheinlich so geschickt, daß ich sie nicht bemerke.

Die berühmten Lastträger an der Wolga singen immer noch ihre berühmten Lieder. In den russischen Kabaretts des Westens werden die »Burlaki« bei violettem Scheinwerfer und gedämpftem Geigenklang dargestellt. Aber die wirklichen Burlaki sind trauriger, als ihre Darsteller ahnen können. Obwohl sie mit traditioneller Romantik so stark belastet sind, gleitet ihr Gesang tief und schmerzlich in die Zuhörer. Sie sind wahrscheinlich die stärksten Männer dieses Zeitalters. Jeder von ihnen kann zweihundertundvierzig Kilogramm auf dem Rücken tragen, hundert Kilogramm von der Erde heben, eine Nuß zwischen Zeige- und Mittelfinger zermalmen, ein Ruder auf zwei Fingern balancieren, drei Kürbisse in fünfundvierzig Minuten essen. Sie sehen aus wie bronzene Denkmäler, die man mit menschlicher Haut überspannt und mit einem Tragfell bekleidet hat. Sie verdienen verhältnismäßig viel, vier bis sechs Rubel durchschnittlich. Sie sind stark, gesund, sie leben am freien Fluß. Aber ich habe sie noch nicht lachen sehen. Sie werden nicht froh. Sie trinken Schnaps. Der Alkohol vernichtet diese Riesen. Seitdem die Wolga Frachten trägt, leben die stärksten Träger hier und alle trinken. Heute verkehren auf der Wolga mehr als 200 Dampfer mit etwa 85 000 Indikatorstärken, einer Gesamt-Tonnage von 50 000 Tonnen. – 1 190 Lastschiffe ohne Motorbetrieb mit einer Gesamt-Tonnage von beinahe zwei Millionen Tonnen. Aber die Lastarbeiter ersetzen immer noch die Kräne wie vor zweihundert Jahren.

Ihr Gesang kommt nicht aus den Kehlen, sondern aus den unbekannten tiefen Winkeln des Herzens, in denen wahrscheinlich Gesang und Schicksal zusammen gewoben werden. Sie singen wie zum Tode Verurteilte. Sie singen wie Galeerensträflinge. Niemals wird der Sänger von seinem Tragfell frei werden, und niemals vom Schnaps. Solch ein Segen ist die Arbeit! Solch ein Kran ist der Mensch!

Selten hört man ein ganzes Lied, immer nur einzelne Strophen, ein paar Takte. Die Musik ist ein mechanisches Hilfsmittel, sie wirkt wie ein Hebel. Es gibt Lieder zu singen beim gemeinsamen Ziehen der Taue, beim Heben, beim Abladen, beim langsamen Versenken. Die Texte sind alt und primitiv. Ich habe verschiedene Texte zu denselben Melodien gehört. Einige handeln vom schweren Leben, vom leichten Tod, von tausend Pud, von Mädchen und von Liebe. Sobald die Last auf dem Rücken verstaut ist, bricht das Lied ab. Dann ist der Mensch ein Kran.

Es ist unmöglich, wieder das gläserne Klavier zu hören und Sechsundsechzig spielen zu sehen. Ich verlasse den Dampfer. Ich sitze auf einem winzigen Schiff. Zwei Träger schlafen neben mir einen weichen Schlaf auf einem gerollten Bündel dicker Taue. In vier, fünf Tagen sind wir in Astrachan. Der Kapitän hat seine Frau schlafen geschickt. Er ist seine eigene Bemannung. Jetzt brät er einen Schaschlik. Wahrscheinlich wird er fett und hart sein, und ich werde ihn essen müssen. –

Bevor ich ausstieg, beschrieb der Amerikaner mit dem Zeigefinger einen großen Bogen, zeigte auf die kalk- und lehmhaltige Erde und auf den sandigen Strand und sprach:

»Wieviel kostbares Material liegt hier ungenützt! Welch ein Strand für Erholungsbedürftige und Kranke! Welch ein Sand! Wenn all dies mitsamt der Wolga in der zivilisierten Welt läge!«

»Wenn das in der zivilisierten Welt gelegen wäre, würden hier Fabriken dampfen, Motorboote rattern, schwarze Kräne schweben, die Menschen würden krank werden, um sich dann zwei Meilen weiter im Sand zu erholen, und es wäre sicherlich keine Wüste. In einer bestimmten hygienisch einwandfreien Entfernung von den Kränen lägen Restaurants und Cafés hingestreut, mit ozonhaltigen Terrassen. Die Musikkapellen müßten das »Lied von der Wolga« spielen und einen schmissigen Wolga-Wellen-Charleston, Text von Arthur Rebner und Fritz Grünbaum...«

»Ah, Charleston!« rief der Amerikaner und freute sich. –

V. Die Wunder von Astrachan

Frankfurter Zeitung, 12. 10. 1926

In Astrachan beschäftigen sich viele Menschen mit Fischfang und Kaviarhandel. Der Geruch dieser Tätigkeit ist in der ganzen Stadt verbreitet. Wer nicht nach Astrachan kommen muß, der vermeidet es. Wer einmal nach Astrachan gekommen ist, der bleibt nicht lange dort. Zu den Spezialitäten dieser Stadt gehören die berühmten Astrachaner Pelze, die Lammfellmützen, der silbergraue »Persianerpelz«. Die Kürschner haben viel zu tun. Sommer und Winter (der Winter ist hier auch warm) tragen Russen, Kalmücken und Kirgisen Pelze.

Man erzählt mir, daß reiche Leute vor der Revolution in Astrachan gelebt hätten. Ich kann es nicht glauben. Man zeigt mir ihre Häuser, von denen einige im Bürgerkrieg vernichtet wurden. An den Trümmern erkennt man noch ihre gewesene geschmacklose und prahlerische Größe. Von allen Eigenschaften eines Bauwerks erhält sich die Prahlsucht am längsten, und noch der letzte Ziegelstein protzt. Die Erbauer sind geflüchtet, sie leben im Ausland. Daß sie mit Kaviar gehandelt haben, ist begreiflich. Aber weshalb wohnten sie hier, wo der (schwarze, blaue und weiße) Kaviar wächst und wo die Fische so unbarmherzig stinken? In Astrachan steht ein kleiner Park mit einem Pavillon in der Mitte und einer Rotunde in der Ecke. Am Abend zahlt man Eintrittsgeld, geht in den Park und riecht die Fische. Weil es dunkel ist, meint man, sie hängen in den Bäumen. Die Kino-Vorstellungen finden unter freiem Himmel statt, die primitiven Kabaretts ebenfalls. In einigen Kabaretts spielen Musikkapellen heitere Lieder aus vergangenen Zeiten. Man trinkt Bier und ißt die billigen rosaroten Krebse. Es vergeht keine Stunde, in der man sich nicht nach Baku sehnen würde. Leider verkehrt der Dampfer nur dreimal in der Woche.

Um intensiver an den Dampfer denken zu können, gehe ich zum Hafen. Vom Hafen Nr. 18 wird man nach Baku fahren dürfen. Übermorgen. – Wie weit ist Übermorgen! – Kalmücken rudern in Booten, Kirgisen führen Kamele am bekannten Halfterband in die Stadt, Kaviarhändler lärmen im Kontor, ahnungslose Bauern lagern im Grün, zwei Tage, zwei Nächte, und warten auf das Schiff, Zigeuner spielen Karten. Weil man hier so deutlich sieht, daß noch kein Dampfer kommt, ist die Stimmung im Hafen trauriger als in der Stadt. Eine entfernte Ahnung von Abreise gewährt eine Droschkenfahrt. Die Droschkensitze sind schmal, ohne Rückenlehne, lebensgefährlich, ohne Dach, die Pferde tragen lange weiße Ku-Klux-Klan-Gewänder gegen den Staub als gingen sie zum Turniere. Die Kutscher verstehen sehr wenig Russisch und hassen das Pflaster. Sie fahren durch die sandigen Straßen, weil ja das Pferd bekleidet ist. Der Fahrgast, der in einem dunklen Anzug abfährt, kommt in einem silbernen an. Wer einen weißen angezogen hatte, trägt am Ziel einen taubengrauen. Die für Astrachan ausgerüstet sind, tragen wie die Pferde lange Staubmäntel mit Kapuzen. In der spärlich beleuchteten Nacht sieht man, wie Gespenster von gespenstischen Pferden gefahren werden.

Ungeachtet dessen gibt es eine technische Hochschule, Bibliotheken, Klubs und Theater in Astrachan, Gefrorenes unter einer schaukelnden Bogenlampe, Früchte und Marzipan hinter bräutlichen Gazeschleiern. Ich betete um eine Linderung der Staubplage. Am nächsten Tag schickte Gott einen Platzregen. Die Decke meines Hotelzimmers, von Staub, Wind und Dürre verwöhnt, fiel erschrocken auf den Fußboden. Um so viel Regen hatte ich nicht gebetet. Es donnerte und blitzte. Die Straße war nicht mehr zu erkennen. Die Droschken rollten stöhnend bis zur Mitte der Räder im Schlamm, von den Felgen troffen graue, schwere, weiche Klumpen. Die Gespenster schlugen die Kapuzen zurück und spannten wohlbekannte menschliche Geräte auf. Auf dem Pflaster der Hauptstraße konnten zwei nicht aneinander vorüber. Einer mußte umkehren und mindestens fünf Meter zurückgehen, damit der andere passiere. Die Straße überquerte man in periodischen Sprüngen. Es war ein Glück, daß es nur *eine* nennenswerte Straße gab, in der sich die notwendigsten Einrichtungen befanden: Hotel, Schreibpapier, die Post und die Konditorei.

In jenen Astrachaner Tagen schien mir die Konditorei die wichtigste Institution zu sein. Sie wurde von einer polnischen Familie betrieben, die ein unerbittliches Schicksal von Czenstochau hierher verschlagen hatte. Ich beschrieb den Frauen ausführlich die Kleider, die man in Warschau trägt. Auch über die polnische Politik wußte ich divinatorisch viel zu sagen. Bedenken, die man in Astrachan in bezug auf einen Krieg zwischen Polen, Rußland und Deutschland hegte, konnte ich mit beredter Geschicklichkeit zerstreuen. In Astrachan bin ich ein amüsanter Plauderer.

Ohne diese Konditorei hätte ich nicht arbeiten können, das wichtigste Schreibmaterial ist Kaffee. *Fliegen* aber sind überflüssig. Und dennoch waren sie dabei, morgens, mittags, abends. Die Fliegen, nicht die Fische, machen achtundneunzig Prozent der Astrachaner Fauna aus. Sie sind ganz nutzlos, kein Handelsobjekt, niemand lebt von ihnen, sie leben von allen. In dicken schwarzen Schwärmen lagern sie auf Speisen, Zucker, Fensterscheiben, Porzellantellern, Überresten, auf Sträuchern und Bäumen, auf Kotlachen und Misthaufen und selbst auf kahlen Tischtüchern, auf denen ein menschliches Auge nichts Nahrhaftes sehen kann. Verschüttete Suppen, längst trockene Bestandteile des Stoffes, können die Fliegen aus den Molekülen schlürfen wie aus Löffeln. Auf den weißen Hemdblusen, die hier die meisten Männer tragen, sitzen tausende Fliegen, sicher und versonnen, sie fliegen nicht auf, wenn sich ihr Wirt bewegt, sie sitzen zwei Stunden auf seinen Schultern, sie haben keine Nerven, die Fliegen von Astrachan, sie haben die Ruhe großer Säugetiere, etwa der Katzen, und ihrer Feinde aus der Insektenwelt, der Spinnen...

Es wundert mich und ich bedaure es, daß diese intelligenten und humanen Tiere nicht in großen Scharen nach Astrachan kommen, wo sie nützliche Mitglieder der menschlichen Gesellschaft werden könnten. Zwar leben acht Kreuzspinnen in meinem Zimmer, stille, kluge Tiere, freundliche Genossen durchwachter Nächte. Am Tag schlafen sie in ihren Wohnungen. In der Dämmerung beziehen sie ihre Posten – zwei, die wichtigsten und die gefährlichsten, in der Nähe der Lampe. Lange und geduldig sehen sie ahnungslosen Fliegen zu, mit feinen haardünnen Beinen klettern sie an Stricken aus Nichts und Speichel, flicken und geben acht, umkreisen ein Tier auf weiten, weiten Umwegen, klammern sich geschickt an vorspringenden Sandkörnchen der Wand, arbeiten schwer und geistreich – – aber wie gering ist der Lohn! Tausend Fliegen summen im Zimmer, ich wünsche mir zwanzigtausend giftige Spinnen her, eine Armee von Spinnen! Bliebe ich in Astrachan, ich würde sie züchten und ihnen mehr Sorgfalt zuwenden als dem Kaviar.

Aber die Menschen in Astrachan kümmern sich nur um diesen. Sie fühlen die Fliegen gar nicht. Sie sehen zu, wie diese mörderischen Insekten auf ihrem Fleisch, ihrem Brot, ihren Früchten herumnagen, und rühren keine Hand. Ja, während auf ihren Bärten, Nasen und Stirnen Fliegen spazieren, reden sie gemütlich und lachen. In der Konditorei hat man jeden Kampf gegen Fliegen aufgegeben, man schließt nicht einmal die Glaskästen, nährt sie reichlich mit Zucker und Schokolade, man verwöhnt sie geradezu. Das Fliegenpapier, das ein Amerikaner erfunden hat und das ich von allen Segnungen der Kultur am tiefsten haßte, erscheint mir in Astrachan als ein Werk edler Humanität. Aber es gibt in ganz Astrachan kein einziges Stück jener köstlichen gelben Materie. Ich frage in der Konditorei: Warum haben Sie kein Fliegenpapier? Die Menschen gebrauchen Ausflüchte und sagen: Ach, wenn Sie doch Astrachan vor dem Krieg gesehen hätten, noch zwei Monate vor der Revolution! – Der Gastwirt sagt es und der Händler. Aus passiver Resistenz unterstützen sie die reaktionären Fliegen. Eines Tages werden diese kleinen Tiere das große Astrachan aufessen, die Fische und den Kaviar.

Den Fliegen von Astrachan ziehe ich die Bettler vor, deren es hier mehr gibt als in jeder anderen Stadt. Sie wandeln, laut schluchzend, singend, ihre Leiden ausschreiend, langsam durch die Straßen, gleichsam hinter ihrer eigenen Leiche, ergießen sich in alle Bierhallen, bekommen nur von mir eine Kopeke – und von dieser einen Kopeke leben sie! Von allen Astrachan-Wundern sind sie das erstaunlichste ...

VI. Der auferstandene Bourgeois

Frankfurter Zeitung, 19. 10. 1926

Aus den Trümmern des zerstörten Kapitalismus steigt der neue Bürger hervor (nowij burjuj), der Nep-Mann, der neue Händler und der neue Industrielle, primitiv, wie in den Urzeiten des Kapitalismus, ohne Börse und Kurszettel, nur mit Füllfeder und Wechsel. Aus dem absoluten Nichts entstehen Waren. Aus Hunger macht er Brot. Aus allen Fensterscheiben macht er Schaufenster. Eben ging er noch barfuß – schon fährt er in Automobilen. Er verdient und zahlt Steuern. Er mietet vier, sechs und acht Zimmer und zahlt Steuern. Er fährt im Schlafwagen, fliegt im teuren Aeroplan und zahlt Steuern. Der Revolution scheint er gewachsen zu sein – sie hat ihn ja selbst geboren. Das Proletariat steht vor seinen Schaufenstern und kann seine Waren nicht kaufen – als wär's ein kapitalistischer Staat. An vielen Gefängnissen streift der neue Bürger vorbei – in mehreren hat er schon gesessen. Der Verlust der »bürgerlichen Ehrenrechte« kann ihm gleichgültig sein; denn er besitzt gar keine. Er will nicht befehlen, er will nicht regieren, er will nur erwerben. Und er erwirbt.

Diese neue russische Bourgeoisie bildet noch keine Klasse. Sie hat weder die Tradition noch die Stabilität, noch die Solidarität einer sozialen Klasse. Sie ist eine dünne, lockere Schicht aus sehr beweglichen und sehr verschiedenen Elementen. Unter dem Dutzend neuer Bürger, die ich kenne, war einer früher Offizier, ein anderer ist ein grusinischer Edelmann, eine Art »Häuptling«, der dritte war Bäckergeselle, der vierte Staatsbeamter, der fünfte Kandidat der Theologie, Alle tragen die Zufallskleidung, die sie äußerlich proletarisiert. Alle sehen aus, als hätten sie sich auf der Flucht vor einer Katastrophe angezogen. Alle tragen die russische Hemdbluse, die ebenso nationales Kostüm wie revolutionäre Manifestation sein kann. Diese Kleidung des neuen Bürgers ist nicht nur die unmittelbare Folge seines Willens, nicht aufzufallen, sondern auch seiner besonderen Wesensart bezeichnender Ausdruck. Denn er ist nicht ein Bürger, wie wir ihn kennen, wie er etwa in Frankreich vorbildlich und für literarische Verwertung reif von Gott und den Verhältnissen jeden Tag erschaffen wird. Der neue russische Bourgeois hat keinen Familieninstinkt, kein intimes Verhältnis zu seinem Haus, seiner Abstammung und seinen Nachfolgern, keine »Prinzipien«, die er ihnen vererben könnte, und keine materiellen Güter, die er ihnen vererben *dürfte*. In seiner gutausgestatteten Wohnung ist er selbst und seine Familie nicht zu Hause, sondern wie heimische Gäste. Ein Sohn ist kommunistisch gesinnt, ein Komsomol; mit feindseligem Blick betrachtet er sein Elternhaus, morgen wird er fortziehen, heute schon lebt er von eigener Hände Parteiarbeit. Die Tochter geht ohne eine Kopeke Mitgift, ohne väterliche Begleitung zum Standesamt und heiratet in drei Minuten einen Rotarmisten. Der bürgerlich gesinnte Sohn findet keinen Platz an der überfüllten Hochschule und rüstet zu ungesetzlicher, also gefährlicher Abreise ins Ausland. Das Geld, das man verdient, wird nicht »angelegt«, sondern ausgegeben, verlebt oder vergraben oder gegen hohe Zinsen an gute und verschwiegene Bekannte verliehen. Die Familie – Urzelle und Festung des bürgerlichen Lebens zugleich – ist nicht mehr vorhanden. Dafür kennt der neue Bürger aber auch nicht jene lauwarme bürgerliche Atmosphäre, die schützt, aber auch schwächt; keine Fürsorge, die Liebe weckt, aber auch Enge erzeugt; keinen Opferwillen, der heroisch sein kann, aber auch belanglos ist; keine Sentimentalität, die rührend ist, aber auch falsch. Der neue Bürger ist ein revolutionärer Bürger. Er ist in seiner Art mutig, weil von Rücksichten frei; er ist hemmungslos, weil ohne Prinzip; er ist auf alles gefaßt, weil er das meiste schon erlebt hat. Er war zum Teil aktiv an der Revolution beteiligt. Das ist der Bürger, von dem *Lenin* 1918 schrieb: »Wie kann man so blind sein und nicht sehen, daß unser Feind der kleine Kapitalist und der Spekulant ist? Dieser fürchtet mehr als jeder andere den Staatskapitalismus; denn sein erstes Ziel ist ja, alles Mögliche an sich zu raffen, alles, was nach dem Sturz der Großgrundbesitzer und großen Spekulanten übriggeblieben ist. In dieser Beziehung ist *er sogar noch revolutionärer als der Arbeiter* – denn er ist auch rachsüchtig. Er leistet willige Beihilfe im Kampf gegen die Großbourgeoisie – – um die Früchte des Sieges für seine eigenen Interessen zu ernten.« Acht Jahre sind seit damals vergangen. Der Spekulant erntet die Früchte des Siegs und er ist auf dem Weg, selbst ein Großkapitalist zu werden.

Es gibt in Rußland aber nicht nur diesen aktiven, sichtbaren neuen Händler und Industriellen. Es gibt viele stille, maskierte, sozusagen passive Bürger. Ihnen ist es gelungen, bares Gold mitten in der Revolution zu verbergen oder sich anzueignen. Heute gehen sie in Stellungen, leben in proletarischer Enge, geben vor, mit hundert Rubel im Monat auszukommen und verleihen ihr Geld gegen hohe Zinsen an furchtlose Freunde – die in zwei, drei Jahren ebenfalls Kapital haben werden, um es zu verleihen. So spielt sich unter der Decke ein regelloses kapitalistisches Leben ab, ein Kaufen und Verkaufen, ein Borgen und Verzinsen, ein gefahrvolles Leben, das dem modernen tüchtigen Nep-Mann die wesentlichen Züge eines Räuberhauptmanns verleiht.

Das alles ist nicht imstande, das Proletariat zu beunruhigen. Die reichen Leute – so rechnet man – werden von den zunehmenden Staatsbetrieben erdrückt. In fünf Jahren sind sie nicht mehr vorhanden. »Es ist eine Übergangszeit« – sagen die Arbeiter. Sie meinen, es wäre ein Übergang zum sozialistischen Staat.

Aber auch die Bürger sagen: »Es ist eine Übergangszeit« und sie meinen, es wäre ein Übergang zur kapitalistischen Demokratie. Beide warten auf das Kommende und stören einander vorläufig nicht merkbar. Wenn es wahr ist, daß das Proletariat die herrschende Klasse ist, so ist sicherlich das neue Bürgertum die *genießende* Klasse. Das Proletariat hat alle Institutionen des Staates. Die neue Bourgeoisie hat alle Institutionen der Bequemlichkeit. Es gibt beinahe kein Übereinander. Es gibt ein Nebeneinander. Das Theater gehört dem Arbeiter. Aber in der Loge sitzt der Bürger. Der Arbeiter hat das Bewußtsein, Hausherr und Vermieter der Loge zu sein. Den Bürger stört die Umgebung, die revolutionäre Aufmachung, der Gedanke, ein Transport würde beschlagnahmt, eine Steuer erhöht werden. Der Proletarier geht in den Klub, sieht einen Film, spielt Domino, hört einen Vortrag, trinkt einen Tee am Büfett für zehn Kopeken und weiß, daß dieses Haus, in dem sich der Klub befindet, einmal einem Kapitalisten gehört hat, der jetzt enteignet ist. Das ist ein greifbarer Erfolg. Der enteignete Kapitalist – oder ein anderer an seiner Stelle – geht am Abend in die Halle des großen Hotels, wo zwar ein Bild von Lenin hängt, aber auch eins von Fragonard, der » *Combat de la Flute*« aus dem Speisezimmer meiner Tante, und wo die unvermeidliche Appetitspalme fünfzig teure Liköre beschattet. Hierher haben selbst die Bettler, die überall hinkommen, keinen Zutritt. Es ist eine ganz großbürgerliche Welt, wie im Westen Europas. Da das Trinkgeld nicht gesetzlich abgeschafft, sondern nur unwürdig geworden ist, nehmen es die Kellner mit untertänigem Dank. Hierher kommt kein Proletarier. Vor acht und neun Jahren hat er diese »Paläste« gestürmt. Heute erwartet er, daß sie eines Tages geräumt werden.

Der neue Bürger ist nicht gesonnen, sie zu räumen. Auch er wartet – daß die Arbeiterklubs eines Tages geräumt werden. Beide haben Geduld ...

VII. Das Völker-Labyrinth im Kaukasus

Frankfurter Zeitung, 26. 10. 1926

Wir landen am Abend in *Baku*. Das ist die Hauptstadt Aserbeidschans und des Petroleums. Sie besteht aus einem neuen (europäischen) und einem alten (asiatischen) Teil. Die europäischen Straßen sind breit, hell und heiter. Das asiatische Baku ist kühl, dunkel und beklemmend. Vor die breiten, stolzen, schönen Bogenfenster sind dichte Drahtgitter gespannt. Jedes Haus ist ein Palast, und alle Paläste sind Gefängnisse. Junge Mohammedanerinnen tragen weiße und blaue Tücher vor dem Mund; sie sehen aus wie eingemauert: jede ihr eigenes Gefängnis. Den mohammedanischen Bettlern vor dem großen Tor der alten Stadt braucht man nichts zu schenken: sie sind Ornamente. Alte Sejiden, Nachfolger Mohammeds, im weißen, dickgeflochtenen Turban, kauen Sonnenblumenkerne. Die leichtsinnigen Schalen bleiben in den gelblichgrauen Barten hängen. Dumme, unbegabte Händler sitzen auf Steinen, zehn Blätter vergilbten Briefpapiers liegen vor ihnen, nichts tun sie für ihre Waren. Hinter finstern, langen und schmutzigen Hausfluren leuchten weiße Höfe aus Stein, mit Zierbrunnen, weit, märchenhaft, rechteckig, langweilig. Es scheint mir, daß die tausendundeins Nächte in Baku ein verlorener Posten sind: einige Kilometer weiter spritzt *Petroleum* aus der Erde ...

Dennoch ist der Marktplatz exotisch: viele schmale und schmutzige Gassen; Passagen, die als Markthallen verwendet werden; unzählige kleine Kaufläden mit Schildern in türkischer, persischer, armenischer Sprache. Was ist das für ein bekannter, lateinisch gedruckter Name? Wer heißt hier »Levin«? Mit Vornamen »Arvad Darzah« allerdings? Es ist ein Bergjude. Er handelt mit Sohlenleder. Obwohl er der Rasse nach ein Tatte ist, also nicht einmal Semit, spricht er dennoch ein mangelhaftes Deutsch. Vorbeiwandernden Kamelen bläst er aus einer langen Pfeife Rauch in die traurigen Gesichter. Welch unwahrscheinlich pathetische Tiere! Ihre Dummheit ist von einer ganz besonderen Art: es ist eine feierliche Dummheit. Vielleicht wirken sie in der Wüste natürlicher. Dieser exotische Marktplatz – für Kamele ist er noch immer nicht exotisch genug.

Vor dem Laden des Genossen Levin sehen sie aus wie mißlungene Pferde.

Es riecht nach brennendem Fell. An der Ecke ist die »Kuschetschnaja«, ein Schnell-Imbiß. Das Fett der Lämmer wird, glaube ich, über Gebühr gewürdigt. Es schmort prasselnd über offenem Feuer. Vorläufig bohrt der Verkäufer in der Nase. Ich passiere ein Durchgangshaus. Menschen wohnen in weitgeöffneten Läden. Halbnackte Frauen schaukeln hart und hastig über zischenden Wascheimern. Greise schlummern auf den Steinen. Ein ruhiges Alter ist ihnen beschieden. Kinder spielen Karten in einem Tümpel. Achtung! Nicht zertreten! Verkäufer rufen mir nach. Was soll ich kaufen? Orientalische, flache, ungesäuerte Brote, »Mazzes« der Juden; einen grusinischen Gürtel für sechs Rubel, ein dünnes Leder, silberne Platten hängen daran, eine »Akquisition« für Engländer; einen Dolch in tulasilberner Scheide; grüne Schnürsenkel. Haarnadeln soll ich mir anschaffen, Manschettenknöpfe mit türkischen Segenssprüchen, einen Tabakbeutel aus Ziegenleder, einen Kranz Knoblauch, ein Lendenstück von einem Hammel, frischgeschlachtet, blutrot, appetitlich, runden Schafskäse, Uhren ohne Zeiger, falsche Juwelen, giftgrüne Hosenträger, äußerst schlaffe Symbole der Zivilisation. Lastträger vom Hafen, groß, stark, schwarz, mit Bartstoppeln in traurigen und müden Gesichtern, stehen mir im Weg. Von Stand zu Stand gehen sie langsam. Es ist keineswegs ihre Absicht, zu kaufen: Erfahrungen wollen sie sammeln. Halbwüchsige Jungen tragen Erfrischungswasser in irdenen Krügen auf dem Kopfe. Ihre Füße laufen, ihre Köpfe stehen. Die Gefäße ruhen sicher wie auf eisernen Sockeln. Barfüßige Mädchen, ansichtskartenhaft, gehen um Wasser zu Brunnen, durstige Eimer hängen am Tragholz, das quer über der rechten Schulter liegt. Die Repräsentanten der kaukasischen Bergvölker tragen riesige, wilde, zottelige Pelzmützen. Was haben, frage ich vergeblich, diese Mützen für einen Zusammenhang mit den Bergen?

Es wimmelt hier von schweren Pelzmützen, die meisten kaukasischen Völker sind hier vertreten. Und wieviele gibt es auf dem riesigen Gebiet des Kaukasus, auf den 455 000 Quadratkilometern? Vierzig bis fünfundvierzig zählte ein veralteter Führer. Im nördlichen Kaukasus allein mußten nach der Revolution neun Republiken errichtet werden. Daß dort die Nogaier, die Kara-Nogaier (schwarze

Nogaier), die Turkmenen (die heute noch Nasenringe tragen) und die schöngebildeten Karatschaier leben, wußte ich. Daß in Kurdistan die Kurden, in Karabach die Armenier wohnen, haben wir alle gelernt. Von wievielen Völkern aber weiß mir ein Gelehrter, der finnische Philologe Stimumagi, im Aserbeidschanischen Forschungsinstitut zu erzählen! Er kennt die Mugalen und Lesgier, kunstfertige Handwerker, dagestanischer Rasse; im Kubruischen Ujezd allein fünf kleine Stämme: die Chaputlinzen, die Chinalugen, die Buduchen, die Tschekzen, die Krislen; die 50 000 Küriner, südlich von den Lesgiern; die Tatten, die ein Rest alter Perser sind – im 6. und 7. Jahrhundert als lebendige Wälle gegen Chasaren und Hunnen angesiedelt; im Bezirk Nucha die Wartäschen und Nidseh; die Talyschen im Lengoran-Bezirk. In den muganischen Steppen leben die russischen Bauernsekten, der Zar hat sie zwangs- und strafweise hier angesiedelt: die Duchoborzen, Molokaner, Starowierzy und Sobotniki. In den reichen Weinbaudörfern Geudscha und Schamachow leben Landsleute, *Schwaben*. Sie sind zum großen Teil menonitischen Glaubens. In den Dörfern Priwolnaja und Pribosch leben die interessantesten Juden der Welt: nämlich die reinarischen. Es sind russische Bauern, die früher einmal Sobotniki waren, Sabbat-Heiliger. Als sie von der offiziellen Kirche und den Behörden verfolgt wurden, gingen sie aus Zorn und Trotz zum Judentum über. Sie nennen sich selbst »Gerim« (hebräisch: »Fremde«), sehen slawisch aus, leben von Ackerbau und Viehzucht und sind neben den weißrussischen, semitischen, »echten« Juden die frömmsten der Sowjet-Union.

Ein Rassenantisemit käme diesen Juden gegenüber in eine große Verlegenheit. Eine noch größere würden ihm die »Bergjuden« bereiten. Ich habe sie besucht. Sie sind, obwohl ihre Orthodoxen es selbst behaupten, keine Semiten, – meint die Wissenschaft. Sie gehören der tattischen Rasse an. Ich erfahre, daß die *Zionisten* vor dem Krieg Verbindungen mit den Bergjuden angeknüpft haben. Es erwies sich, daß der bergjüdische Klerus – im Gegensatz zu seinen semitischen ostjüdischen Kollegen orthodoxer Prägung – dem Zionismus freundlich gesinnt war. Der Krieg hat diese Beziehungen unterbrochen, die Revolution hat sie zerstört. Die kommunistische bergjüdische Jugend ist nicht nur antiklerikal, sondern zeigt auch Nationalbewußtsein – nämlich tattisches, nicht etwa jüdisches. Unsere

Stammesgenossen, sagen die jungen Bergjuden, sind nicht etwa die Juden der Welt, sondern die mohammedanischen und armenisch-katholischen Tatten. Man hat also jetzt die ersten Schulen – vorläufig zwei – mit tattischer Unterrichtssprache eröffnet. Eine tattische Schrift hat es niemals gegeben. Man kam auf den unpraktischen Ausweg hebräische Schriftzeichen für die tattische Sprache zu verwenden. Indessen haben sogar die Türken das lateinische Alphabet angenommen.

Nach einer – immer noch bestrittenen – Theorie sind die Völker des Kaukasus japhetidischer oder alarodischer Rasse. Japhetiden sollen einmal alle Mittelmeergebiete bevölkert haben, die biblischen Chetiter waren Japhetiden, die Urartu aber Chalden, die Nairi und Mittani, die in den assyrischen Keilinschriften vorkommen, die Urbevölkerung von Cypern und Kreta, die Pelasger, die Etrusker und Ligurier, die Iberier – und ihr heutiger Überrest: die pyrenäischen Basken. Indoeuropäer haben die Japhetiden verdrängt, Iraner kamen in den Kaukasus, iranisierten die von den Sassaniden angesiedelten Stämme, die Araber brachten ihnen den Islam, die Türken die türkische Sprache. Eine allgemeine Assimilation ist niemals gelungen. In den unzugänglichen Schluchten und Tälern des Kaukasus leben die letzten Überreste einer sonst längst verschwundenen Exotik, längst verrauschter Kulturen. Die ganze Entwicklung des Menschengeschlechts ist an lebendigen Exempeln im Kaukasus zu sehen: der Weg vom primitiven Höhlenbewohner zum seßhaften Ackerbauer, vom kriegerischen Nomaden zum friedlichen Hirten, vom wilden Jäger zum pazifistischen Duchoborzen, der vegetarisch aus Religion ist...

Alle diese Völker haben heute vollkommen *nationale Autonomie* – soweit sie auf der Kulturstufe angelangt sind, auf der sie selbst Autonomie fordern. Von allen Postulaten der Demokratie und des Sozialismus ist das der Gleichberechtigung nationaler Minderheiten in Rußland glänzend, vorbildlich erfüllt worden. Die Lösung der Minderheitenfrage hat gerade im Kaukasus zu schweren Komplikationen geführt: in einer einzigen mittelgroßen Stadt befanden sich manchmal die Zentralbehörden dreier Republiken. Eine Stadt bildete also in Wirklichkeit drei Städte. Und jede, auch die kleinste Nation, bestand auf ihren Rechten. Ein neugewecktes Nationalbewußtsein wächst sich leicht zu Nationalismus aus. Es wäre vielleicht praktischer gewesen, alle diese Nationen auf eine geeignete Weise zu russifizieren – die zaristische Regierung hat es nicht vermocht. Heute ist es zu spät – oder noch zu früh. Man hat vorläufig mit großer Mühe aus einem Völkergewirr ein nationales Labyrinth geschaffen: es ist kompliziert, aber systematisch. Der Fremde verirrt sich, aber die Einheimischen finden sich zurecht. Und wenn heute die Naganzen, die heute noch ihr Ungeziefer verzehren, von ihren Bergen herabstiegen und eine beschränkte und ihnen angemessene Autonomie verlangten – sie bekämen sie. Prinzipiell kann in den Sowjetstaaten jeder Stamm auf seine Fasson »national« werden.

Die zaristische Regierung hat von den Besonderheiten des Kaukasus gar nichts verstanden. Die zaristischen Großfürsten und Fürsten, die Polizeigouverneure und Generäle betrachteten die Eingeborenen als »Wilde«, die man von eigenen Soldaten erschießen läßt, wenn sie aufmucken, von »feindlichen«, wenn Krieg ausbricht. Die Vorstellungen eines zaristischen Statthalters von dem Volk, das er beherrscht, waren noch primitiver als die Vorstellungen, die sich diese Untertanen vom Zaren machen mußten. Ich habe in den Bibliotheken von Tiflis und Baku einige »Memoiren« gelesen, deren Verfasser hohe Würdenträger im Kaukasus gewesen waren. Alle ihre Beobachtungen stehen auf dem Niveau jener berüchtigt gewordenen des englischen Reisenden *Hanway* aus der Mitte des 18. Jahrhunderts: »Die Kalmücken haben eine ähnliche Gesichtsbildung wie die Chinesen, sind aber *noch* frecher und wilder« ...

Derartige Vertreter russischer Kultur haben freilich keinesfalls russifizieren können. Es lag dem Zaren ja auch gar nicht an der russischen Kultur – sie war ja sogar in Großrußland verboten. Es lag an den Steuern, den Bodenschätzen, dem Brot.

Es ist nicht anzunehmen, daß die Geschichte im Kaukasus einmal einen verkehrten Weg gehen wird: nicht Stämme zu Nationen zu vereinigen, sondern aus kleinen Stämmen ebensoviel neue Nationen zu bilden. Es ist gewiß, daß diejenigen kaukasischen Völker, die schon ein starkes kulturelles Hinterland haben, ihre nationale Kultur weiterbilden werden. Aber die Tatten, die Kumyken, die Tschetschenen werden eines Tages in den großen Nachbarvölkern aufgegangen sein. Man glaubt, daß der lange Weg einer Assimilation eines primitiven Volkes an ein hochstehendes mit einem eigenen neuen Nationalbewußtsein beginnt, mit einem eigenen neuen Lehrbuch für die erste Volksschulklasse. Auch der Weg zur großen, noch sehr fernen Internationalität beginnt beim eigenen Alphabet. Die Muttersprache vermittelt die Weltsprache, das Nationalgefühl breitet sich aus zum Weltgefühl.

Die Verleihung der nationalen Autonomien war nicht nur ein kommunistisches Gebot. Sie war auch eine politische Klugheit. Denn: was lernen heute die neuen Nationen in ihren neuen nationalen Lehrbüchern? – Die Geschichte und den Ruhm der Revolution. Den primitiven Menschen besticht die nationale Idee manchmal eher als die kommunistische. Nun trägt aber der Kommunismus nationale Züge, der Patriotismus kommunistische. Wer hinter der nationalen Fahne marschiert, folgt auch der internationalen roten. Nationalgefühl und kommunistische Weltanschauung sind bei der Jugend der meisten kaukasischen Völker beinahe synonyme Begriffe. Dem Kommunismus gelang, was die absolute Monarchie nicht vermochte, wohl auch nicht gewollt hatte: die absolute nationale Sicherheit. In Baku gibt es keine Armenierpogrome mehr, in Weißrußland und der Ukraine keine Judenpogrome. So schwach und schwankend die alte Regierung gerade im Kaukasus war, so stark und sicher ist dort die neue. In Tiflis sah ich das Leichenbegängnis eines Offiziers; vor den militärischen Ehrenkompagnien zwanzig Doppelreihen in grusinischer Nationaltracht – Pelzmützen, Säbel, Patronengürtel, Pistolen, Dolche. Es war ein nationaler Verein, dem der Tote angehört hatte. An der Spitze der nationalen Grusinier wehte die rote kommunistische Fahne.

Die Vorstellung, daß ein kaukasischer Bauer etwa heute noch nicht wüßte, »ob der Zar oder Lenin regierte«, ist *falsch*. Die Petroleumgebiete industrialisieren, die Rote Armee revolutioniert alljährlich ein neues Bauerngeschlecht. Im westlichen Teil Georgiens, in Gurien, – die Kultur dieses Landes ist allerdings tausend Jahre älter als die russische – waren die Bauern durch eine harte, auch noch über das Jahr 1864 andauernde Leibeigenschaft gezwungen worden, in die Industriezentren abzuwandern. 1902, beim Batumer Streik, wurden 19 Gurier erschossen, die Heimat nahm Rache, Militär konnte ein ganzes Jahr lang nichts gegen die bewaffneten Bauern ausrichten, die Polizei wurde verjagt und getötet, man führte eine eigene Verfassung ein, sozialisierte große Strecken Landes, gab den Frauen gleiche Rechte, studierte Marx in öffentlichen Versammlungen – während der Tifliser Statthalter ohnmächtig zusah. Erst im Dezember 1905 wurde mit Hilfe großer Militärtruppen das Land auf eine echt russische Weise »beruhigt«.

Heute ist die alte grusische Aristokratie zum Teil geflüchtet, zum Teil in den Nep-Mann-Stand abgewandert. Die schmucken Gestalten in den exotischen Uniformen stehen vor den Nachtlokalen des Montmartre. In den russischen Städten tragen sie Zivil und machen Geschäfte mit kleinen Händlern. Vor acht Jahren hätte ein kaukasischer Edelmann den kleinen Mann ungestraft verprügeln können, der heute sein Kompagnon ist. In den Straßen von Tiflis sieht man wohlgebaute Herren mit gestikulierenden Juden aus Minsk und Griechenland verhandeln. Chasaren, Hunnen, Byzantiner, Araber, Tataren, Mongolen, Perser, Türken, Seldschuken haben Tiflis abwechselnd bis zum Jahre 1795 erobert. Dann aber kam eine Pause. Seit 1923 herrschen die Nep-Männer. In Baku sind die Chancen noch besser. Auf dem lebhaften Boulevard lustwandelt eine ganze Börse. Man sitzt in den Restaurants, deren Bogenlampen sich im Kaspischen Meer spiegeln. Man sieht die ankommenden Schiffe, die Waren abladen werden. Wie angenehm läßt sich da kalkulieren! Man hört aus den gewölbten Zelten, die wie große Souffleurkästen aussehen, die weinende türkische Musik, die Töne des »Sas« und des »Tar«, die auf der schmalen Grenze zwischen Wildheit und Sentimentalität dahinziehen ... und macht Geschäfte.

VIII. Wie sieht es in der russischen Straße aus?

Frankfurter Zeitung, 31. 10. 1926

Auf den ersten Blick erscheinen die *Straßen der russischen Städte* bunt und lebhaft. Viele Frauen tragen rote Kopftücher glatt auf dem Haar, im Nacken breit geknotet. Es ist die einzige, übrigens praktische Galanterie der Revolution. Die alten Frauen verjüngt das rote Tuch, den jungen verleiht es einen kühnen erotischen Elan. Von einigen Häusern wehen rote Fahnen. Über Türen und Schildern steht der rote Sowjetstern. Die Plakate vor den Kinotheatern sind von einer naiven, ländlichen Farbenfreude. Die Menschen stauen sich vor den Schaufenstern, sie lieben es, in Serpentinen zu wandeln, es ist ein großer Reichtum an Bewegungen. In einem absichtlichen, wahrscheinlich pädagogischen Gegensatz zu den Passanten demonstrieren die öffentlichen Verkehrsmittel Tempo, Rasanz, »Amerika«. Es gibt gute englische Autobusse modernster Konstruktion, leichter und gediegener als die Berliner und Pariser. Glatt und hurtig sausen sie dahin – auf dem furchtbarsten Pflaster der Welt: dem russischen, das wie ein steiniger, festgestampfter Meeresstrand ist. Die Straßenbahnen klingeln ganz hell, wie Wecker. Die Automobile piepsen schrill, wie junge Hunde. Die Droschkenpferde schnalzen lustig mit den Hufen. Die fliegenden Händler schreien und singen ihre Waren aus – sie machen sich selbst mehr Courage als dem Käufer. Über den Dächern glänzen die Märchenkuppeln der russischen Kirchen, blühen die goldenen Zwiebeln, Früchte eines bunten, seltsamen, exotischen Christentums.

Dennoch empfinde ich die russische Straße *grau*. Die Masse, die sie bevölkert, ist grau. Sie verschlingt das Rot der Tücher, der Fahnen, der Abzeichen und den goldenen Abglanz der Kirchen-Dächer. Es sind lauter arm und wahllos angezogene Menschen. Es weht ein großer, in seiner Nüchternheit überwältigender, in seiner Dürftigkeit pathetischer Ernst von ihnen. Die russische Straße erinnert an die Szenerie eines sozialen Dramas. Es erfüllt sie ein Geruch von Kohle, Leder, Speise, Arbeit und Mensch. Es ist die *Atmosphäre der Volksversammlungen*.

Es ist immer noch, als hätte man vor einigen Stunden erst die Tore der Stadt geöffnet und die der Fabriken, die engen Türen der

Gefängnisse und die pompösen Portale der Bahnhöfe; als hätte man erst vor einer Stunde Schranken aufgehoben, Lokomotiven in Bewegung gesetzt, Tunnel durchbrochen, Ketten gesprengt: als hätte man eben erst die Masse befreit, als wäre ganz Rußland auf den Beinen. Ihm fehlt noch das heitere Weiß, das die Farbe der Zivilisation ist, wie Rot die Farbe der Revolution. Ihm fehlt der helle Frohsinn, den nur eine alte formvollendete Welt hervorbringt, niemals eine werdende. Ihm fehlt die Leichtigkeit, die ein Kind des Überflusses ist. Hier sieht man nur Not – oder Notwendiges. Es kommt mir vor, daß ich durch Äcker gehe, in denen lauter Kartoffeln wachsen, bitter gebrauchte, reichlich gesäte.

Vieles ist improvisiert: hölzerne Buden der Stiefelputzer mit schwarzen und braunen Schnürsenkeln, mit kleinen armseligen Pyramiden aus Schuhpasta-Schachteln; mit grauen großen Gummi-Absätzen, Hufeisen für Menschen. Ein Mann bleibt stehen, hebt einen Fuß und läßt sich beschlagen. Die Funken sprühn in der Dämmerung, während der Schmied, der ein Schuster ist, den Hammer schwingt. Frauen in dicken Kleidern hocken auf dem Pflaster und verkaufen Sonnenblumenkerne. Für zwei Kopeken erhält man ein volles Glas, gewissermaßen mit Schaum. Jeder fünfte Mensch sprüht die grauen Schalen um sich her. Ein Trupp obdachloser, malerischer, zerfetzter Kinder schlendert, läuft, sitzt in den Straßen. Bettler aller Art und Größe spähen raubgierig nach edlen Herzen. Es gibt Melancholiker mit dem bekannten stummen Anklage-Blick, Klerikale, die mit dem Jenseits drohen und zu den Melodien der Kirchenlieder eigene Texte singen, Frauen mit Kindern und Kinder ohne Frauen, Amputierte und Simulanten. Da sind kleine provisorische Läden mit geteilten Schaufenstern. Links liegen Uhren, rechts schaukeln Damenhüte auf Stengeln. Links liegen Hämmer, Messer, Nägel, rechts sind Büstenhalter, Strümpfe, Taschentücher.

Dazwischen schiebt sich die Menge: Männer in billigen Blusen, viele in Lederjoppen, alle mit braunen und grauen Mützen, in grauen, braunen, schwarzen Hemden; viele Bauern und halbe Ländlichkeit, die erste Generation, die auf dem Straßenpflaster gehen gelernt hat; Soldaten in langen, gelben Mänteln, Milizmänner in dunkeln, in dunkelroten Mützen; Männer mit Aktentaschen, auch ohne diese Werkzeuge als Funktionäre erkennbar; alte Bürger, die justament beim weißen Kragen bleiben, den Hut noch tragen, ein schwarzes Bärtchen – die Mode der russischen Intelligenz der neunziger Jahre – und den unvermeidlichen Zwicker am dünnen goldenen Kettchen, das die Ohrmuschel vom Schädel abgrenzt; Debattierende, die in den Klub gehn, ihn schon unterwegs eröffnen; ein paar ängstliche, sehr primitive Mädchen der Liebe, Etappen-Typus; sehr selten eine gut angezogene Frau; niemals ein unbeschäftigter Mensch, niemals ein Mensch, dem man es ansehn würde, daß er gar keine Sorgen hat. Aus allen weht der Atem eines arbeitsreichen oder eines problemreichen Lebens. Entweder man ist Arbeiter oder Funktionär oder Büro-Angestellter. Man ist aktiv oder man wird erst aktiv. Man ist in der Partei oder man bereitet sich gerade vor, in die Partei aufgenommen zu werden. (Und selbst die »Parteilosigkeit« ist noch eine Art Aktivität.) Man fixiert immer seine Stellung zur neuen Welt. Man korrigiert seinen Standpunkt. Man ist niemals ganz Privatmensch. Man ist immer ein sehr bewegter Bestandteil der Gesellschaft. Es wird organisiert, es wird gespart, es wird eine Kampagne eröffnet, eine Resolution gefaßt, eine Delegation erwartet, eine Delegation begleitet, es wird einer ausgeschlossen, ein anderer aufgenommen, es wird gesammelt, abgeliefert, gestempelt – es wird, es wird, es wird! Die ganze Welt ist ein ungeheurer Apparat. Jeder Greis, jedes Kind ist beteiligt und verantwortlich. Es ist ein großes Bauen und Zuschütten und Ziegeltragen, hier liegen Trümmer, dort liegt neues Baumaterial – und alle Menschen klettern auf Gerüsten, stehen auf Leitern, steigen auf Treppen, reparieren, bauen ab, schütten zu. Noch steht niemand frei und souverän auf der Erde.

Deshalb erscheinen mir manchmal die Straßen selbst der ältesten russischen Städte (von Kiew und Moskau) wie Straßen in einem Neuland. Sie erinnern mich an die jungen Städte aus amerikanischen Westkolonien, an diese Atmosphäre von Rausch und ständiger Geburt, von Glücksjagd und Heimlosigkeit, von Kühnheit und Opfermut, von Mißtrauen und Furcht, von primitivstem Holzbau neben kompliziertester Technik, von romantischen Reitern und nüchternen Ingenieuren. Die Menschen sind auch hier von allen Seiten des großen Landes zusammengeströmt (in jeder Stadt wechselt die Bevölkerung jedes Jahr), Hunger, Durst, Kampf und Tod liegen vor ihnen. Das Heute bilden: Holzlatten, abgebrochene Kreuze, zerrissene Häuser, Stacheldraht vor Gärten, neue Gerüste vor halbfertigen Bauten, alte Denkmäler, von Empörung vernichtet, neue, von allzu hastigen Händen erbaut, Tempel, in Klubs verwandelt, noch kein Klub, der einen Tempel ersetzte, zertrümmerte Konvention und eine langsam werdende neue Form. Manches ist allzu neu, funkelnagelneu, zu sehr neu, um sehr alt zu werden, es trägt das Zeichen von Amerika an der Stirn – von Amerika, dessen Technik das vorläufige Ziel der neuen russischen Baumeister ist. Die Straße hastet vom schläfrigen Orient zum westlichsten Westen, vom Bettler zur Lichtreklame, vom langsamen Droschkengaul zum ratternden Autobus, vom »Iswoschtschik« zum Chauffeur. Noch eine ganz kleine Wendung – und diese Straße führt direkt nach New York.

Ich gestehe beschämt, daß mich manchmal in diesen Straßen eine ganz bestimmte Trauer befällt. Mitten in der Bewunderung für eine Welt, die aus eigener Kraft, mit mehr Ekstase als Material, ohne Geld und ohne Freunde, Zeitungen druckt, Bücher schreibt, Maschinen baut und Fabriken, Kanäle gräbt, nachdem sie kaum noch ihre Toten bestattet hat – – mitten in der Bewunderung ergreift mich ein Heimweh nach unserem Leichtsinn und unserer Verwerflichkeit, eine Sehnsucht nach dem Aroma der Zivilisation, ein süßer Schmerz um unsere wissenschaftlich schon ausgemachte Dekadenz, ein kindischer, dummer, aber inbrünstiger Wunsch, noch einmal eine Modeschau bei Moulineux zu sehen, ein holdseliges Abendkleid auf einem törichten Mädchen, eine Nummer vom »Sourire« und den ganzen Untergang des Abendlandes: wahrscheinlich ist das ein bourgeoiser Atavismus.

IX. Die Lage der Juden in Sowjetrußland

Frankfurter Zeitung, 9. 11. 1926

Auch im alten Rußland waren die Juden eine »nationale Minderheit«; aber eine mißhandelte. Durch Verachtung, Unterdrückung und Pogrom kennzeichnete man die Juden als eine eigene Nation. Man war nicht etwa bestrebt, sie durch Vergewaltigung zu assimilieren. Man war bestrebt, sie abzugrenzen. Die Mittel, die man gegen sie anwandte, sahen so aus, als wollte man sie vertilgen.

In den westlichen Ländern war der Antisemitismus vielleicht ein primitiver Abwehrinstinkt. Im christlichen Mittelalter ein religiöser Fanatismus. In Rußland war der Antisemitismus ein Mittel zu regieren. Der einfache »Muschik« war kein Antisemit. Der Jude war ihm kein Feind, sondern ein Fremder. Rußland, das für so viele Fremde Raum hatte, war auch frei für diesen. Der Halbgebildete und der Bürger waren Antisemiten – weil der Adel es war. Der Adel war es, weil der Hof es war. Der Hof war es, weil der Zar, für den es sich nicht schickte, seine eigenen rechtgläubigen »Landeskinder« zu fürchten, vorgab, nur die Juden zu fürchten. Man schrieb ihnen infolgedessen Eigenschaften zu, die sie allen Ständen gefährlich erscheinen ließen: für den einfachen »Mann aus dem Volke« wurden sie Ritualmörder; für den kleinen Besitzer Zerstörer des Eigentums; für den höheren Beamten plebejische Schwindler; für den Adel gefährliche, weil kluge Sklaven; für den kleinen Beamten endlich, den Funktionär aller Stände, waren die Juden alles: Ritualmörder, Krämer, Revolutionäre und Pöbel.

In den westlichen Ländern brachte das 18. Jahrhundert die Emanzipation der Juden. In Rußland begann der offizielle, legitime Antisemitismus in den achtziger Jahren des 19. Jahrhunderts. In den Jahren 1881/82 organisierte Plehwe, der spätere Minister, die ersten Pogrome in Südrußland. Sie sollten die revolutionären jungen Juden abschrecken. Aber der gedungene Pöbel, der sich nicht für Attentate rächen, sondern nur plündern wollte, überfiel die Häuser der reichen, konservativen Juden, auf die man es gar nicht abgesehen hatte. Man ging deshalb zu den sogenannten »stillen Pogromen« über, schuf die bekannten »Ansiedlungsbereiche«, vertrieb die jüdischen Handwerker aus den großen Städten, bestimmte einen numerus clausus für die jüdischen Schüler (3 : 100) und unterdrückte die jüdische Intelligenz an den Hochschulen. Da aber gleichzeitig der jüdische Millionär und Eisenbahnunternehmer Poljakow ein intimer Freund des Zarenhofes war und man seinen Angestellten den Aufenthalt in den großen Städten gestatten mußte, wurden Tausende russischer Juden Poljakows »Angestellte«. Derlei Auswege gab es viele. Der Schlauheit der Juden entsprach die Bestechlichkeit der Beamten. Deshalb ging man in den ersten Jahren des 20. Jahrhunderts wieder zu den offenen Pogromen über und zu den kleinen und großen Ritualmordprozessen ...

Heute ist Sowjetrußland das einzige Land in Europa, in dem der Antisemitismus verpönt ist, wenn er auch nicht aufgehört hat. Die Juden sind vollkommen freie Bürger – mag ihre Freiheit auch noch nicht die Lösung der jüdischen Frage bedeuten. Als Individuen sind sie frei von Haß und Verfolgung. Als Volk haben sie *alle* Rechte einer »nationalen Minderheit«. Die Geschichte der Juden kennt kein Beispiel einer so plötzlichen und einer so vollkommenen Befreiung.

Von den 2 750 000 Juden in Rußland sind: 300 000 organisierte Arbeiter und Angestellte, 130 000 Bauern, 700 000 Handwerker und freie Berufe. Der Rest besteht: a) aus Kapitalisten und »Deklassierten«, die als »unproduktive Elemente« gelten; b) aus kleinen Händlern, Vermittlern, Agenten, Hausierern, die als nicht produzierende oder proletarische Elemente angesehen werden. Die *Kolonisation* der Juden wird eifrig betrieben – zum Teil mit amerikanischem Geld, das vor der Revolution fast ausschließlich der Palästina-Kolonisation zugute kam. Es gibt jüdische Kolonien in der Ukraine, bei Odessa, bei Cherson, in der Krim. Seit der Revolution sind 6000 jüdische Familien zur Landarbeit herangezogen worden. Im ganzen wurden 102 000 Deßjatinen Acker den jüdischen Bauern zugeteilt. Gleichzeitig »industrialisiert« man die Juden, das heißt: man versucht, die »unproduktiven Elemente« als Arbeiter in den Fabriken unterzubringen und die Jugend in den (etwa dreißig) jüdischen »professionell-technischen« Schulen zu Facharbeitern heranzubilden.

In allen Orten mit starker jüdischer Bevölkerung gibt es Schulen mit jüdischer Unterrichtssprache, in der Ukraine allein 350 000 Frequentanten jüdischer Schulen, in Weißrußland ungefähr 90 000. Es gibt in der Ukraine 33 Gerichtskammern mit jüdischer Verhandlungssprache, jüdische Vorsteher in Kreisgerichten, jüdische Miliz-(Polizei-)Verbände. Es erscheinen drei große Zeitungen in jüdischer Sprache, drei Wochenschriften, fünf Monatshefte, es gibt einige jüdische Staatstheater, an den Hochschulen bilden die nationalen Juden einen starken Prozentsatz, in der Kommunistischen Partei ebenfalls. Es gibt 600 000 jüdische Jung-Kommunisten.

Man sieht aus diesen paar Zahlen und Fakten, wie man in Sowjetrußland an die Lösung der jüdischen Frage herangeht: mit dem unbeirrbaren Glauben an die Unfehlbarkeit der Theorie, mit einem etwas unbekümmerten, undifferenzierten, aber edlen und reinen Idealismus. Was verordnet die Theorie? – Nationale Autonomie! – Aber um dieses Rezept vollständig anwenden zu können, muß man aus den Juden erst eine »richtige« nationale Minderheit machen, wie es z. B. die Grusinier, die Deutschen, die Weißrussen sind. Man muß die unnatürliche soziale Struktur der jüdischen Masse verändern, aus einem Volk, das von allen Völkern der Welt am meisten Bettler, amerikanische »Pensionen-Empfänger«, Schnorrer und Deklassierte hat, ein Volk mit einer landesüblichen Physiognomie machen. Und weil dieses Volk in einem sozialistischen Staat leben soll, muß man seine kleinbürgerlichen Elemente und die »unproduktiven« verbauern lassen und proletarisieren. Schließlich wird man ihnen ein geschlossenes Gebiet anweisen müssen.

Es ist selbstverständlich, daß ein so kühner Versuch nicht in einigen Jahren gelingen kann. Das Elend der armen Juden ist vorläufig nur gemildert durch die Freizügigkeit. Aber so viele auch in die neu erschlossenen Gebiete abwandern – die alten Gettos sind immer noch überfüllt. Ich glaube, daß der jüdische Proletarier schlechter lebt als jeder andere. Meine traurigsten Erlebnisse verdanke ich meinen Wanderungen durch die »Moldawanka«, das Judenviertel in Odessa. Da geht ein schwerer Nebel herum, wie ein Schicksal, da ist der Abend ein Unheil, der aufsteigende Mond ein Hohn. Die Bettler sind hier nicht nur die übliche Fassade der Straße, hier sind sie dreifache Bettler, denn hier sind sie zu Hause. Jedes Haus hat fünf, sechs, sieben winzige Läden. Jeder Laden ist eine Wohnung. Vor dem Fenster, das zugleich die Tür ist, steht die Werkstatt, hinter ihr das Bett, über dem Bett hängen die Kinder in Körben – und das Unglück wiegt sie hin und her. Große, vierschrötige Männer kehren heim: es sind die jüdischen Lastträger vom Hafen. Inmitten ihrer kleinen, schwachen, hysterischen, blassen Stammesgenossen sehen sie fremd aus, eine wilde, barbarische Rasse, unter alte Semiten verirrt. Alle Handwerker arbeiten bis in die späten Nachtstunden. Aus allen Fenstern weint ein trübes, gelbes Licht. Das sind merkwürdige Lichter, die keine Helligkeit verbreiten, sondern eine Art Finsternis mit hellem Kern. Sie sind nicht verwandt mit dem segensreichen Feuer. Sie sind nur Seelen von Dunkelheiten. –

Die alte, die wichtigste Frage stellt die Revolution überhaupt nicht: ob die Juden eine Nation sind wie jede andere, ob sie nicht weniger oder mehr sind, ob sie eine Religionsgemeinschaft, eine Stammesgemeinschaft oder »nur« eine geistige Einheit sind, ob es möglich ist, ein Volk, das sich durch die Jahrtausende nur durch seine Religion und die Ausnahmestellung in Europa erhalten hat, unabhängig von seiner Religion als »Volk« zu betrachten, ob in diesem besonderen Fall eine Trennung von Kirche und Nationalität möglich ist, ob es möglich ist, aus Menschen mit ererbten geistigen Interessen Bauern zu machen, aus stark geprägten Individualitäten Individuen mit Massenpsychologie.

Ich habe jüdische Bauern gesehen: sie haben freilich keinen Getto-Typus mehr, sie sind Landmenschen, aber sie unterscheiden sich sehr deutlich von anderen Bauern. Der russische Bauer ist zuerst Bauer und dann Russe; der jüdische zuerst Jude und dann Bauer. Ich weiß, daß diese Formulierung jeden »konkret eingestellten« Menschen sofort zu der höhnischen Frage reizt: Woher wissen Sie das?! – Ich sehe es. Ich sehe, daß man nicht umsonst viertausend Jahre Jude gewesen ist, nichts als Jude. Man hat ein altes Schicksal, ein altes, gleichsam erfahrenes Blut. Man ist ein geistiger Mensch. Man gehört einem Volk an, das seit zweitausend Jahren keinen einzigen Analphabeten gehabt hat, einem Volk mit mehr Zeitschriften als Zeitungen, einem Volk, wahrscheinlich dem einzigen der Welt, dessen Zeitschriften eine weit höhere Auflage haben als seine Zeitungen. Während ringsum die anderen Bauern erst mühselig zu schreiben und zu lesen anfangen, wälzt der Jude hinter dem Pflug die Probleme der Relativitätstheorie in seinem Hirn. Für Bauern mit so komplizierten Gehirnen sind noch keine Ackergeräte erfunden worden. Ein primitives Gerät erfordert einen primitiven Kopf. Ein Traktor selbst ist, verglichen mit dem dialektischen Verstand des Juden, ein einfaches Werkzeug. Die Kolonien der Juden mögen gut erhalten, sauber, ertragreich sein. (Bis jetzt sind es nur sehr wenige.) Aber sie sind eben »Kolonien«. Sie werden keine Dörfer.

Ich kenne den billigsten aller Einwände: daß die Ahle, der Hobel, der Hammer der jüdischen Handwerker gewiß nicht komplizierter sind als der Pflug. Aber dafür ist die Arbeit eine unmittelbar schöpferische. Den schöpferischen Prozeß bei der Entstehung des Brotes besorgt die Natur. Aber die Erschaffung eines Stiefels besorgt der Mensch ganz allein.

Ich kenne auch den anderen Einwand: daß so viele Juden Fabrikarbeiter sind. Aber erstens sind die meisten gelernte Facharbeiter; zweitens halten sie ihr hungriges Gehirn schadlos für die mechanische Handarbeit durch geistige Nebenbeschäftigung, durch künstlerischen Dilettantismus, durch eine verstärkte politische Tätigkeit, durch eifrige Lektüre, durch Mitarbeit an Zeitungen; drittens kann man gerade in Rußland eine zwar nicht zahlenmäßig starke, aber ständige Abwanderung jüdischer Arbeiter aus Fabriken beobachten. Sie werden Handwerker, also selbständig – wenn auch nicht Unternehmer.

Ein kleiner jüdischer »Heirats-Vermittler« – kann er ein Bauer werden? Seine Beschäftigung ist nicht nur unproduktiv, sie ist in einem gewissen Sinn auch unmoralisch. Er hat schlecht gelebt, wenig verdient, mehr »geschnorrt« als gearbeitet. Aber welch eine verwickelte, schwierige, wenn auch verwerfliche Arbeit hat sein Gehirn geleistet, um »eine Partie« zu vermitteln, einen geizigen, reichen Volksgenossen zu einem beträchtlicheren Almosen zu veranlassen? Was soll dieses Gehirn in der tödlichen Ruhe?

Die »Produktivität« der Juden ist ja niemals eine grob sichtbare. Wenn zwanzig Generationen unproduktiver Grübler nur dazu gelebt haben, um einen einzigen Spinoza hervorzubringen, wenn zehn Generationen Rabbiner und Händler nötig sind, um *einen* Mendelssohn zu zeugen, wenn dreißig Generationen bettelnder Hochzeitsmusikanten nur dazu geigen, damit *ein* berühmter Virtuose entstehe, so nehme ich diese »Unproduktivität« in Kauf. Vielleicht wären auch Marx und Lassalle ausgeblieben, wenn man aus ihren Vorfahren Bauern gemacht hätte.

Wenn man also in Sowjetrußland Synagogen in Arbeiterklubs verwandelt und die Talmud-Schulen verbietet, weil sie angeblich religiöse sind, so müßte man sich zuerst ganz klar darüber sein, was bei den Ostjuden Wissenschaft, was Religion, was Nationalität ist. Aber Wissenschaft ist ja bei ihnen Religion und Religion – Nationalität. Ihren Klerus bilden ihre Gelehrten, ihr Gebet ist eine nationale Äußerung. Was aber jetzt in Rußland als »nationale Minderheit« Rechte und Freiheit genießen wird, Land bekommt und Arbeit – das ist eine ganz andere jüdische Nation. Das ist ein Volk mit alten Köpfen und neuen Händen; mit altem Blut und verhältnismäßig neuer Schriftsprache; mit alten Gütern und neuer Lebensform; mit alten Talenten und neuer Nationalkultur. Der Zionismus wollte Tradition *und* neuzeitliches Kompromiß. Die nationalen Juden Rußlands blicken nicht zurück; sie wollen nicht die *Erben* der alten Hebräer sein, sondern nur ihre Nachkommen.

Selbstverständlich weckt ihre plötzliche Freiheit hier und dort einen heftigen, wenn auch stillen Antisemitismus. Wenn ein arbeitsloser Russe sieht, daß ein Jude in einer Fabrik Aufnahme findet, um »industrialisiert« zu werden, wenn ein Bauer, den man enteignet hat, von der jüdischen Kolonisation hört, so regt sich gewiß in beiden der alte, häßliche, künstlich gezüchtete Instinkt. Aber während er im Westen eine »Wissenschaft« geworden ist, der Blutdurst bei uns eine politische »Gesinnung« ist, bleibt im neuen Rußland der Antisemitismus eine Schande. Die öffentliche Scham wird ihn umbringen.

Wird in Rußland die Judenfrage gelöst, so ist sie in allen Ländern zur Hälfte gelöst. (Jüdische Emigranten aus Rußland gibt es noch kaum, eher jüdische Einwanderer.) Die Gläubigkeit der Massen nimmt in einem rapiden Tempo ab, die stärkeren Schranken der Religion fallen, die schwächeren nationalen ersetzen sie schlecht. Wenn diese Entwicklung dauert, ist die Zeit des Zionismus vorbei, die Zeit des Antisemitismus – – und vielleicht auch die des Judentums. Man wird es hier begrüßen und dort bedauern. Aber jeder muß achtungsvoll zusehen, wie ein Volk befreit wird von der Schmach, zu leiden und ein anderes von der Schmach, zu mißhandeln; wie der Geschlagene von der Qual erlöst wird und der Schlagende vom Fluch, der schlimmer ist als eine Qual. Das ist ein großes Werk der russischen Revolution.

X. Der neunte Feiertag der Revolution

Frankfurter Zeitung, 14. 11. 1926

Der *siebente November* 1926 ist der neunte Feiertag des revolutionären Rußland. Am sechsten abends ist Illumination. Sie fällt diesmal sparsamer aus als in den letzten Jahren. Es ist feucht, frühwinterlich, nebelig. Auch bei völliger Dunkelheit fühlt man den schwerbewölkten Himmel. Mit dem Nebel kämpfen silbern und rot leuchtende Inschriften. Porträts und Büsten von Lenin stehen in den Schaufenstern, etwas streng drapiert. Die Kaufläden werden geschlossen. Man hört diesen ganz bestimmten Tschinellenklang der Schlüssel, der nur am Vorabend der Feiertage ertönt. An Wochentagen ist es ein gewöhnliches Rasseln. Auch die Menschen haben den schlendernden Sonnabend-Schritt, mit dem man freien Tagen entgegenwandelt. Aber nirgends entsteht die aufgeregte Festlichkeit illuminierter Nächte. Dampf steigt aus der nassen Erde, Nebel schwebt über den Dächern ... Man sollte überall sparen – nur nicht an Illuminationen.

Am nächsten Morgen, Sonntag, um neun Uhr früh beginnt die berühmte, schon historisch gewordene *Parade der Roten Armee* auf dem Roten Platz im Kreml. Diese Szenerie und diese Parade hätte Shakespeare dichten können. Der Rote Platz ist so groß, daß er mindestens drei moderne breite Großstadt-Boulevards in sich fassen könnte. Ein Tor eröffnet ihn, eine vielkupplige Kirche schließt ihn ab. Vor der gezackten Kreml-Mauer steht das hölzerne Grabmal Lenins. Es ist eine ungewollte, aber symbolisch wirkende Mischung von Denkmal und Rednertribüne. Der viereckige umgitterte Rasen, der es einsäumt, ist nur wie eine leise Andeutung von Friedhof.

Auf diesem Platz stehen in breiten dichten Karrees die Soldaten: gelbgraue Mäntel, Gewehrläufe, gelbe Riemen, russische Mützen mit stumpfer niedriger Scheitelspitze; Gewehre, Mäntel, Mützen; Mützen, Mäntel, Gewehre. Im Hintergrund warten: Kavallerie, dann die »Budjonny-Kavallerie« mit Maschinengewehren auf kleinen flinken Wagen, die Artillerie und die Tanks. Nichts rührt sich. Man hört aus der Ferne heranziehende Musik. Ein nasser November-Morgen geht über den Platz in leisen Galoschen.

An dem niedrigen Turm klebt das große, deutliche, etwas drastische Zifferblatt der Uhr. Der schwere Zeiger tastet vorsichtig die Minuten ab, er geht auf ihnen, wie auf Sprossen, der römischen Neun entgegen. Wenn er sie erreicht, schlägt die Uhr stark, metallen, mit einem fremden, fernen Goldklang in der Kehle, halb eine Uhr und halb ein Musikinstrument, präzise und etwas kirchlich. In diesem Augenblick wird es noch stiller als vorher. Ein Kommando knallt plötzlich, ganz unerwartet, obwohl es alle erwartet haben. Drei Reiter sprengen vor. Galopp. Lange Mäntel wehen. Der Kommandeur der Armee und zwei Begleiter. Vor jedem Soldaten-Karree reißen sie die Pferde nach rechts. Jede Abteilung ruft: Hurra! Eine Minute Galopp, eine Sekunde Hurra. Rings um den Platz! Wendung! Zurück! Musik spielt die Internationale. –

Der Kommandeur geht auf die Terrasse des Grabmals. An zwei Pfählen stecken zwei große Trichter, Lautsprecher, schwarze Münder. Sie tragen die Stimme nach links und nach rechts. Es ist nicht mehr die Stimme des Sprechers. Es ist, als hätten ihm die Instrumente die Worte aus dem Mund genommen; er macht nur die Gesten zu ihren Reden. Was sagt er? – Feiertägliches, Zeitungsmäßiges: Armee, Proletariat, Arbeiter und Bauern, Bereitschaft, vorläufig noch keine Gefahr, immerhin kapitalistische Welt. Deren Vertreter stehen unten, einer im demonstrativen Zylinder, die meisten in steifen Hüten, in Pelzen, mit nassen Füßen. Schwer ist das Schicksal der Diplomaten.

Pause. – Wink von oben. – Kommando. – Dreimal wiederholtes Kommando. – Erster Zug. – Rechtswendung. – Musik. – Vorbeimarsch.

Dieser Vorbeimarsch ist das stärkste militärische Schauspiel der Gegenwart und – seit Napoleon – wahrscheinlich der Geschichte. Es ist auch das stärkste Schauspiel Sowjet-Rußlands. Es verliert – soundsovielmal wiederholt – nichts von seiner Kraft. Es bleibt immer frisch, wie ein gutes Stück nach zwanzig Aufführungen. Das ist die einzige Parade, die nichts Überflüssiges hat, keinen glänzenden Knopf, keinen Theaterblitz, keine eitle Geste. Sie hat nur einen einzigen Traditionsfehler: die Soldaten rufen – zum zweiten Mal – Hurra, wenn sie am Kommandeur vorbeigehen. Stehende Massen sollen, marschierende dürfen nicht den Mund öffnen.

Kein übertriebener Schritt, keine unnatürliche Kopfwendung. Das Militärische ist ganz menschlich. Breite Reihen marschieren, lebendige Wände. Die langen Mäntel bedecken die breit ausschreitenden Beine. So entsteht eine Art wallenden Marsches, temperamentvolle Feierlichkeit, exakte Prozession.

Sie hört nicht auf. Obwohl sie immer dasselbe bleibt, ist sie spannend. Man blickt jeder Abteilung entgegen, wie einem neuen Dramen-Akt – und weiß doch schon, was man sehen wird: graugelb, graugelb, graugelb, Mäntel, Gewehre, Mützen. Bis die letzten Abteilungen eine unerwartete Abwechslung bringen: nämlich Gesichter. Es sind Elite-Truppen: Eisenbahner, Sappeure, Techniker, Sicherheitstruppen. Die Mützen werden bunt, die Gesichter individuell.

Die Infanteriemusik verstummt. Eine ferne dünne silberne Musik ertönt. Es sind reitende Töne, die Melodie zieht daher, eine musikalische Reiterkavalkade vor der körperlichen Kavallerie. Galopp, Galopp! Eben noch körperlich nahe, schon geisterhaft verschwunden. Ihnen nach die leichten Wagen mit den leichten Maschinengewehrchen: stehende Kutscher, scharf gezogene Zügel, flatternde Mähnen: die Wagen erinnern an römische Rom-Quadrigen. Sie streifen den Boden im Flug, während die Artillerie schon rollt, schwerer, irdischer, stabiler. Die Tanks weinen. Es schlägt irgendwo in ihnen, es klingt ein gespannter Draht, es heult ein metallenes Tier. –

Die fremden Militär-Attachés stehen pflichtgemäß da. Zwei polnische Offiziere sind hart an den Rand des Trottoirs getreten. Die Rotarmisten sehen die Offiziere an. Die fremden Offiziere sind ganz offiziell, ganz Dienst, ganz internationales Völkerrecht, als das, was die rätselhafte Existenz eines uniformierten Militär-Attachés zwar nicht begründet, aber wenigstens garantiert.

Dann ist die große Pause, in der die Attachés und die Diplomaten nach Hause gehen.

Die Arbeiter kommen von weither, mit Fahnen, nach stundenlangem Warten. Es ist naß, es ist November, und es ist das neunte Jahr der Revolution. Und Regen, Nässe und neun revolutionäre Jahre, ein harter Wiederaufbau, ein bißchen Krise, ein bißchen Angina, ein bißchen schlechte Kleidung: das alles macht so müde, so mürbe, so »zivilistisch«. Man wartet Monate lang, jetzt: ein Augenblick, wo man den Genossen oben ins Gesicht sehen könnte, dem Präsidenten Kalenin, der da mit dem Taschentuch winkt, den Männern der Partei – kann man aus Gesichtern die Zukunft lesen? Soll man rufen, soll man schauen? Und ehe man sich noch entschieden hat (noch ruft man: es lebe die einige Partei!), ist man schon vorbei, schon vorwärts gedrängt von anderen vorbei, vorbei, noch ein Feiertag vorbei – und hinter dem Roten Platz, in der Straße, steht die Weltgeschichte mit verschleiertem Gesicht. –

XI. Rußland geht nach Amerika

Frankfurter Zeitung, 23. 11. 1926

Wer in den Ländern der westlichen Welt den Blick nach dem Osten erhebt, um den roten Feuerschein einer *geistigen* Revolution zu betrachten, der muß sich schon die Mühe nehmen, ihn selbst an den Horizont zu malen. Viele tun es. Sie sind weniger Revolutionäre als Romantiker der Revolution. Indessen ist die russische Revolution schon längst in das Stadium einer gewissen Stabilität gekommen. Der illuminierte laute Feiertag ist ausgeklungen. Der nüchterne, graue, mühselige Wochentag hat angefangen. Im Westen aber wartet ein großer Teil der geistigen Elite auf das bekannte Licht vom Osten. Die Stagnation europäischen geistigen Lebens, die Brutalität politischer Reaktion, die korrupte Atmosphäre, in der das Geld gemacht und ausgegeben wird, die Hypokrisie der Offiziellen, der falsche Glanz der Autoritäten, die Tyrannei der Anciennität: das alles zwingt die Freien und die Jungen, von Rußland mehr zu erwarten, als die Revolution geben kann. Wie groß ist ihr Irrtum! Sie mögen herkommen und durch trübe, graue Straßen wandern; überladene Menschen sprechen, die ewig zwischen einer Konferenz und einem notdürftigen Einkauf auf Rabatt und Ratenzahlung im Staatlichen Warenhaus stehn; in Wohnungen sitzen, um die fortwährend Prozesse in Mietämtern schweben und deren Insassen seit Jahren in einem Provisorium leben wie in einem Wartesaal; den emsigen, millionenarmigen Apparat dieses Riesenstaates sehn – in einer unaufhörlichen, verwirrenden und manchmal verwirrten und zwecklosen Bewegung – sie mögen das alles sehn und dann noch glauben, daß hier Zeit und Raum ist für geistige »Probleme« und Ekstase. Die Brandfackeln der Revolution sind ausgelöscht. Sie zündet wieder die ordentlichen, guten und braven Laternen an.

Neu war das rote und grandiose Schauspiel der *aktiven* Revolution. Jetzt aber, oh Genossen, ist die Zeit der nützlichen, disziplinierten Mäßigkeit ausgebrochen. Dieses Rußland hat keine Genies nötig und schon gar nicht Literaten. Es braucht Volksschullehrer dringender als kühne Theoretiker, es braucht eher Ingenieure als Erfinder, mehr Konstruktionen als Gedanken, mehr tagespolitische Tendenz als weltanschauliche, das heißt: mehr Agitation als Tendenz, es braucht Fabriken und keine Dichter, es braucht für die breiten Massen eine populäre körperliche Hygiene und eine geistige, die man »Aufklärung« nennt, es braucht Lesebücher und keine Werke. Literarische und Kultur-»Probleme« sind hier Luxus. Zweifel sind verdächtig. Feine differenzierte Nuancen sehn heißt hier: eine bürgerliche Ideologie haben. Selbstironie, Abzeichen und Blüte adeligen Geistes ist kleinbürgerlich. Die Revolution war ein verschwenderischer Aufwand der Geschichte, um die geistige Physiognomie der russischen Masse jener der westeuropäischen wenigstens ähnlich zu machen. Auf materiellen, politischen und sozialen Gebieten war sie eine Revolution. Auf geistigem und geistig-moralischem war sie nur ein quantitativ gewaltiger *Fortschritt*. Wenn bei uns eine alte und, wie man sagt: müde Kultur durch Girls, Fascismus, flache Romantik pathologisch banal wird, so wird hier eine eben erst geweckte, brutal kräftige Welt gesund banal. Unserer dekadenten Banalität steht gegenüber die neurussische, frische, rotbackige Banalität.

Wie ist das möglich? – höre ich fragen. Wir lesen ja hier die letzten, noch druckfeuchten Übersetzungen jüngster russischer Autoren? Wir lesen ja Romanow, Sejfullina, Babel! Ja, alle diese Bücher, bei uns neu, sind hier schon alt. Nicht alle jungen und begabten Autoren sind Revolutionäre mit »Disziplin«, wie man sie braucht, wenige sind Kommunisten, manche sind mit der Zensur nicht einverstanden. Und alle Schriftsteller holen ihre Stoffe aus der großen Zeit der ersten Revolutionsjahre oder aus der großen Zeit des großen Sterbens und der übermenschlichen Hungerleiden. Alle guten Filme wie »Potemkin«, »Mjat«, »Wjeter« (über die ich noch sprechen werde) behandeln revolutionäre Episoden längst oder jüngst vergangener Heldenzeiten. Aber diesen Alltag von heute, diesen grauen kleinen täglichen Kampf mit Millionen grauer kleiner Sorgen – wer wagt ihn zu beschreiben, wer kann ihn beschreiben? Die Zeit der Heldentaten ist vorbei: das ist jetzt die Zeit der fleißigen Büro-Arbeiten. Die Zeit der Epopöen ist vorbei: das ist jetzt Zeit der Statistiken.

Sowohl die Idee als auch der Aufbau des neuen Staates, der im Namen dieser Idee begonnen hat, zwingen die Individualität, sich als einen Faktor der Masse zu betrachten. Aber während man als Faktor einer geistig sehr hoch stehenden Masse wahrscheinlich nicht unbedingt Kompromisse zu schließen braucht und allen treu bleibt, wenn man sich selbst treu ist, muß der geistige Mensch im heutigen Rußland sich opfern, wenn er dienen will. Er opfert sich nicht der Idee – was ja kein Opfer wäre – sondern dem Alltag. Ein breiter Wirkungskreis ist ihm gesichert, wenn er in die Breite gehen will statt in die Tiefe. Der schöpferische Mensch, ein Revolutionär nicht aus Zwang wie der Proletarier, sondern aus freiem Willen oder aus Berufung, bleibt immer revolutionär – – *auch nach siegreichen Revolutionen.* Er wird gewiß das hohe Glück genießen, in einem Staat zu leben, der alle frei machen will. Aber die materielle Freiheit ist nur eine der primärsten Vorbedingungen für seine Existenz. Es gibt keine Gesellschaftsform, die der natürlichen Aristokratie des Geistes auf die Dauer die *geistige* Herrschaft streitig machen könnte. Der schöpferische Aristokrat braucht keinen Titel und keinen Thron. Aber seine Gesetze diktiert ihm die Geschichte und nicht die Zensur.

Im heutigen Rußland muß man leider den Durchschnitt züchten. Man meidet die Gipfel, man baut breite Heerstraßen. Es ist allgemeine Mobilisierung. Ein zuverlässiger Marxist ist mehr wert als ein kühner Revolutionär. Ein Ziegelstein ist nützlicher als ein Turm. Traktoren! Traktoren! Traktoren! – ruft es im ganzen Land. Zivilisation! Maschinen! ABC-Bücher! Radio! Darwin! – man verachtet »Amerika«, das heißt den seelenlosen großen Kapitalismus, das Land, in dem Gold Gott ist. Aber man bewundert »Amerika«, das heißt den Fortschritt, das elektrische Bügeleisen, die Hygiene und die Wasserleitung. Man will die vollkommene Produktionstechnik. Aber die unmittelbare Folge dieser Bestrebungen ist eine *unbewußte* Anpassung an das geistige Amerika. Und das ist die geistige Leere. Die großen Kulturleistungen Europas, das klassische Altertum, die römische Kirche, die Renaissance und der Humanismus, ein großer Teil der Aufklärung und die ganze christliche Romantik – sie alle sind bürgerlich. Die alten Kulturleistungen Rußlands: der Mystizismus, die religiöse Kunst, die Poesie der Slawophilie, die Romantik des Bauerntums, die gesellschaftliche Kultur des Hofes, Turgenjew und Dostojewski: sie alle sind selbstverständlich reaktionär. Woher also geistige Grundlagen für eine neue Welt nehmen? Was bleibt übrig? – Amerika! Die frische, ahnungslose, gymnastisch-hygienische rationale Geistigkeit Amerikas – ohne die Hypokrisie der protestantischen Sektiererei: aber dafür mit der Scheuklappen-frömmigkeit des strengen Kommunismus.

Die literarischen Zeitschriften haben heute in Rußland eine un-wahrscheinlich hohe Auflage. Aber darunter leidet ihre Qualität. Jeder Halbgebildete kann sie lesen. Aber der Anspruchsvolle kann sie nicht lesen. Der Stil, dessen sich die meisten russischen jungen Tendenz-Schriftsteller bedienen, ist ein Allgemeinstil, jedem er-reichbar, seine Bestandteile liegen wie Bleibuchstaben in Setzkästen. Es ist eine primitive Sprache, unfähig, Nuancen und Stimmungen haargenau wiederzugeben, jedem verständlich, aber auch jedem zur Verfügung, eine Montur für Tatsachen, Prinzipien, Agitation. Das neue Theater (von dem ich noch sprechen werde) hat eine unglaub-liche technische Vollkommenheit erreicht – in der Kunst, Effekte zu erzielen. Dafür geht die Feinheit des Schauspielers verloren. Nicht die Atmosphäre der Bühne ist suggestiv, sondern das technische Mittel. Die neue revolutionäre Malerei beschränkt sich auf Meta-phern, die nicht die Kraft haben, Symbole zu werden. Viele, tau-send, Millionen Kräfte sind befreit. Einmal werden sie wahrschein-lich ein Licht anzünden, das heller sein wird als das Feuer der Revo-lution. Aber heute noch nicht, in zwanzig Jahren noch nicht. Vorläu-fig bleibt immer noch die geistige Physiognomie Europas interes-santer – wenn auch ihre politische und soziale Physiognomie schauderhaft ist. –

XII. Die Frau, die neue Geschlechtsmoral und die Prostitution

Frankfurter Zeitung, 1. 12. 1926

Wer von einer häßlichen Verwirrung der Sitten in Sowjetrußland spricht, verleumdet es; wer den Anbruch einer neuen Geschlechtsmoral in Sowjetrußland sieht, ist ein heiterer Optimist; und wer hierzulande gegen alte Konventionen mit den Argumenten des braven Bebel kämpft, wie z. B. die Frau Kollontaj, ist das Gegenteil von revolutionär – nämlich: *banal.*

Die angebliche »Sittenlosigkeit« und die »neue Geschlechtsmoral« beschränken sich auf eine Reduzierung der Liebe zu einer hygienisch einwandfreien Paarung zweier durch Schulvorträge, Filme und Broschüren sexuell aufgeklärten Individuen verschiedenen Geschlechts. Ihr geht in den meisten Fällen keine »Werbung«, keine »Verführung« und kein seelischer Rausch voran. Die Sünde ist infolgedessen in Rußland langweilig, wie bei uns die Tugend. Die Natur, aller Feigenblätter beraubt, tritt unvermittelt in ihre Rechte, weil der Mensch, vor lauter Stolz über die soeben gewonnene Erfahrung, daß er vom Affen abstamme, sich der Sitten und Gebräuche der Säugetiere bedient. Das schützt ihn ebenso vor der Ausschweifung wie vor der Schönheit; es erhält ihn fromm und natürlich-tugendhaft, er bewahrt die doppelte Keuschheit des medizinisch beratenen Barbaren, er hat die Moral der sanitären Maßnahmen, die Anständigkeit der Vorsicht und die Genugtuung, mit dem Genuß eine hygienische und soziale Pflicht erfüllt zu haben. *Im Sinne der »bürgerlichen« Welt ist das alles höchst sittlich.* Minderjährige werden in Rußland nicht verführt und nicht mißbraucht, weil alle Menschen den Stimmen der Natur gehorchen und die Minderjährigen, die das Gefühl haben, keine Minderjährigen mehr zu sein, mit Ernst und der sozialen Aufgabe eingedenk, sich freiwillig hingeben. Die nicht mehr umworbenen Frauen verlieren ihren Reiz – nicht infolge der völligen Gleichberechtigung vor dem Gesetz, sondern infolge ihrer politisch fundierten Bereitwilligkeit, des Mangels an Zeit zur Lust und der vielen sozialen Pflichten, der unaufhörlichen Arbeit in Büros, in Fabriken, in Werkstätten, der unermüdlichen öffentlichen Betätigung in Klubs, Vereinen, Versammlungen, Konferenzen. In einer Welt, in der die Frau so sehr »öffentlicher Faktor« geworden ist und in der sie so selig darüber zu sein scheint, gibt es natürlich keine erotische Kultur. (Außerdem hat die Erotik bei den Massen in Rußland schon immer einen derben, ländlich-utilitaristischen Beigeschmack gehabt.) Man fängt in Rußland dort an, wo bei uns Bebel und Grete Meisel-Heß und alle ihre belletristischen Zeit- und Gesinnungsgenossen gestanden haben.

In Rußland glaubt man ungemein »revolutionär« zu sein, wenn man den Befehlen der Natur und den Forderungen des einfachen Verstandes wörtlich gehorcht. Aber durch einige »revolutionäre« Kultur-Reformationen ging nicht der große Geist Voltaires, sondern der durchsichtige Schatten Max Nordaus. Statt der überlieferten Heuchelei kam die theoretische Pedanterie, statt der komplizierten Sitte die banale Natürlichkeit, statt der kultivierten Sentimentalität der simple Rationalismus. Man riß alle Fenster auf –, um eine muffige Luft hereinzulassen …

Man scheint nicht zu verstehen, daß die *Liebe* immer heilig ist, daß ein Augenblick, in dem zwei Menschen zusammen kommen, immer eine Weihe hat. Man bemüht sich, das Standesamt sehr demonstrativ einfach zu machen. Es ist der Ortspolizei angegliedert, enthält drei Tische, einen für Heiraten, einen für Scheidungen, einen für Geburten. Eine Eheschließung ist einfacher als eine Anmeldung bei der Polizei. Man hat eine groteske Angst vor Formen. Eine kurze Zeit war die »kommunistische Taufe« von einer gewissen zeremoniösen Feierlichkeit. Man schaffte sie aber ab – oder sie ist zumindest sehr selten geworden. Die Durchschnittsehe beschränkt sich auf ein gemeinsames Nachtmahl in später Abendstunde (nach der üblichen Versammlung oder Konferenz oder »Berichterstattung« oder dem »Kurs«) und einige Stunden Schlaf. Mann und Frau arbeiten und konferieren den ganzen Tag in gesonderten Betrieben. Wenn sie zufällig an einem Sonntag oder bei einer gemeinsamen Demonstration entdecken, daß sie nicht zueinander passen –, oder wenn dem einen oder andern ein Fremder besser gefällt, läßt man sich scheiden. Mann und Frau kennen einander noch weniger als die Partner der kapitalistischen Mitgift-Ehe. Scheidungen sind häufiger als bei uns, weil die Ehen »leichtsinniger« und mit weniger

Bedacht geschlossen werden. Auch der Betrug ist seltener, die Sauberkeit also größer. Aber nicht weil das Ethos so tief, sondern weil die Beziehungen so locker und die Form so simpel ist. Wir sind alle Säugetiere. Von den vierfüßigen unterscheiden wir uns durch die sexuelle Aufklärung.

Das alles schließt den Bestand einer alten spießigen »Moral« nicht aus. Denn der Mensch in Rußland ist ein Bestandteil der Straße, sie sieht in sein Schlafzimmer. Und weil man nur *ein* Auge zudrücken kann, aber nicht tausend, ist die Straße kleinbürgerlicher, spießiger, sauertöpfischer als jede Tante.

Viel revolutionärer als die Sitte ist das *Gesetz*. Es macht keinen Unterschied zwischen ehelichen und unehelichen Müttern und Kindern. Es bestimmt, daß einer arbeitenden schwangeren Frau nicht gekündigt werden dürfe; daß ihr zwei Monate vor, zwei Monate nach der Entbindung Urlaub gegeben werde; daß der Monat, in den die Geburt fällt, doppelt entlohnt werde; es bestimmt, daß die Alimente der Vater zahle (wenn er nicht ohne Einkommen ist), daß eventuell einige Männer sich in die Alimentenlast teilen, wenn die Mutter es vorzieht, einige Männer als eventuelle Väter anzugeben; es gestattet den künstlichen Abortus, es befiehlt die Trennung der Ehe, auch wenn nur *ein* Teil sie lösen will, es stellt das sogenannte »Konkubinat« der vor dem Standesamt geschlossenen Ehe vollkommen gleich; es berechtigt theoretisch auch den Mann unter gewissen Bedingungen, auf materielle Unterhaltung Anspruch zu erheben; es anerkennt keine Gütergemeinschaft in der Ehe; es fördert die vielen Mütter- und Kinderheime, Schutzkommissionen, Säuglingsfürsorgestellen. Es ist ein im modernen Sinn humanes Gesetz, das allerdings in der Praxis ebenso zu Schwierigkeiten wie zu Lächerlichkeiten führen kann. Die Gerichte, die vor kurzer Zeit noch mit Alimenten-Prozessen überlastet waren, sind heute immer noch mit ihnen beschäftigt. Zu einigen gründlichen Reformen geht man allmählich auch auf dem Gebiete des Eherechts über wie auf allen anderen Gebieten. Die Theorie ist gerade daran, sich dem Leben anzupassen, die Menschen sind gerade auf dem Weg, sich den Gesetzen anzupassen. Deshalb tritt der gerechte Wunsch nach einem endgültigen Urteil hinter die Notwendigkeit zurück, sich auf Betrachtungen und Beobachtungen zu beschränken. Westeuropa kann von den neuen russischen Gesetzen *manches*, von seiner sozialen Fürsorge *alles*, von seiner angeblichen neuen Geschlechtsmoral und Sitte *gar nichts* lernen. Denn sie ist alt und manchmal reaktionär. Es ist zum Beispiel reaktionär, den Handkuß zu verpönen – aus Furcht, man könnte die Frau zur Dame degradieren. Es ist reaktionär, wenn bei den vielen Blumenhändlern, die in allen russischen Städten in den Straßen stehen, nur die jungen Mädchen Blumen kaufen, um sie ihren Geschlechtsgenossinnen zu schenken – indes die jungen männlichen Begleiter ungeduldig abseits stehen, erhaben in ihrem »Komsomol«-Stolz über derlei »bourgeoise Sentimentalitäten«. Es ist reaktionär, die Frau durch Gleichstellung ins Neutrum zu verwandeln, es wäre revolutionär, sie durch Achtung weiblich sein zu lassen. Es ist reaktionär, sie nur frei zu machen – es wäre revolutionär, sie frei *und* schön zu machen. Die wirkliche Degradation ist nicht die vom »Menschen« zum »Weib«, sondern vom freien, erotisch kultivierten, mit der Fähigkeit zu lieben ausgestatteten Menschen zum sexuell funktionierenden Säugetier. »Darwinismus« ist reaktionärer, als die guten russischen Revolutionäre glauben, und das Metaphysische, vor dem sie eine genau so große Angst haben wie Bürger vor der Kapitalsenteignung, ist revolutionärer als die atheistische Spießigkeit. Eine »konventionelle Lüge« kann tausendmal revolutionärer sein als eine flache, banale Aufrichtigkeit. Und sogar die Prostitution, den preußischen Königinnen ebenso verhaßt wie manchen Kommunisten, ist eine humane und freie Einrichtung – verglichen mit der sauertöpfischen, naturwissenschaftlich begründeten Geschlechtsfreiheit.

Die *Prostitution* ist in Rußland ein kurzes Kapitel. Das Gesetz verbietet sie. Straßenmädchen – deren es in Moskau offiziell etwa 200, in Odessa etwa 400 gibt – greift man auf, bringt man in die Polizeistelle, später in Arbeitsstellen unter. Ein paar Häuser der Liebe fristen ein bedrohtes, kümmerliches und primitives provinzielles Dasein in einigen größeren russischen Städten. Kuppelei wird streng bestraft. Infolgedessen sehen sich manche Menschen gezwungen, die wenigen Automobile, die es in Moskau gibt, dem nützlichen Bahnhofsverkehr zu entziehen. Den Chauffeuren geht es gut, eine staatliche Automobil-Verleihung hat in den Abendstunden ein ewig besetztes Telephon und es liegt eine leise Ironie darin, daß auch sie mißbraucht wird. Eine Stunde Fahrt in den nicht mit Taxameter versehenen Automobilen kostet sechs Rubel. (Während ich dieses schreibe, erfahre ich von einer neuen Verfügung, der zufolge die besetzten Automobile am Abend im Innern dauernd *beleuchtet* sein müssen.)

Rußland ist nicht unmoralisch, keineswegs, – es ist nur hygienisch. Die moderne russische Frau ist kein Wüstling, – im Gegenteil: sie ist eine brave soziale Funktion. Die russische Jugend ist nicht hemmungslos, sie ist nur maßlos aufgeklärt. Die Ehe- und Liebesverhältnisse sind nicht unsittlich, sondern nur öffentlich. Rußland ist kein »Sündenpfuhl«, sondern ein naturwissenschaftliches Lesebuch ...

Obgleich dieser Zustand durch eine heftige Propaganda gestützt und erhalten wird, ist er zum Teil doch auch eine natürliche Reaktion gegen die verflossene Zeit der allzu schwärmerischen, sentimentalen und kitschigen Verlogenheit der Liebesbeziehungen. Wenn die neuen Reformatoren glauben, dieses Stadium in der Entwicklung der Erotik, das ich das »naturwissenschaftliche« nennen möchte, wäre ein gesunder Übergang zu einer gesunden, neuen, natürlichen Liebe, so muß man mit ihnen hoffen. Wenn sie aber glauben, es könnte eine natürliche Liebe *zwischen Menschen* ohne das geben, was sie als »metaphysisch« fürchten – so irren sie sich. Die erotische Beziehung, die sich nur auf Körper und Bewußtsein beschränkt, sieht eben so aus, wie sie oben geschildert wurde. Zum Glück hat der Mensch die Fähigkeit, dem Pubertätsalter der sexuellen Aufklärung zu entwachsen und der Naivität eines aufgewärmten Materialismus. Auch wenn er ein absoluter Leugner der »Seele« ist, – in *einem* Punkt macht sie sich eines Tages bemerkbar: in der Liebe. –

XIII. Die Kirche, der Atheismus, die Religionspolitik

Frankfurter Zeitung, 7. 12. 1926

Zwischen der Überzeugung, daß die Religion »Gift« sei und einer feindseligen Aktivität gegen Erzeuger und Verbreiter des angeblichen Gifts ist ein Unterschied: in Sowjetrußland wird *die Kirche nicht verfolgt.* Nur ihre Macht wird bekämpft und ihr Einfluß. Man führt keinen Krieg gegen Gott – man bemüht sich nachzuweisen, daß er nicht da ist. Man zerstört keine Kirche – man verwandelt einige in Museen. Man bestraft nicht die Gläubigkeit – man sucht sie auszurotten. Man verbietet nur jene religiösen Demonstrationen, die staatsfeindlich sind oder sein könnten. Man verhindert nur sehr selten eine Prozession – man versucht zu beweisen, daß sie eine Torheit sei. Die Methode des Kampfes gegen die Kirche ist mehr eine prophylaktische als eine chirurgische. Religiöse Betätigung der Jugend kann manchmal unangenehme Konsequenzen haben. Religiöse Betätigung der Alten wird höchstens ironisiert. Der Spott ist schon die schärfste Waffe, die der Staat gegen die Kirche verwendet. An der linken Wand des heutigen zweiten Sowjethauses, dort, wo früher die wundertätige iberische Mutter Gottes gestanden hat, ist heute die goldene Inschrift angebracht: »Die Religion ist Opium für das Volk.« (Die Mutter Gottes ist, nebenbei gesagt, in ihre eigene Kapelle, zwanzig Schritt weiter, vor dem großen Kremltor, übergesiedelt und wird immer noch fleißig angebetet.) Aber auch dieses öffentliche Zitat ist eine alte Demonstration aus der Zeit der ersten Siegesfreude. Heute herrscht Waffenstillstand zwischen Staat und Kirche. Manchmal auch Freundschaft: die religiösen Minderheiten zum Beispiel genießen im neuen Rußland eine unvergleichlich größere Freiheit als in irgendeiner Zeit. Sie hatten einen gemeinsamen Feind, die kleinen Konfessionen und die große Revolution: den orthodoxen Zarismus. Der Beschluß des Dreizehnten Parteikongresses über die Behandlung der Sekten lautet: »Besonders vorsichtig ist die Frage des Verhaltens gegenüber den Sektierern zu lösen – zumal, da viele von ihnen vom Zarismus grausam behandelt wurden und einige überaus aktiv sind. Durch ein angemessenes Vorgehen sollte man die wirtschaftlich kulturellen Elemente unter ihnen in den großen Strom der Sowjet-Arbeit einbeziehen.« Der »Allrussische Menonitische Landwirtschaftliche Verband«, dessen Statuten einen unwahrscheinlich reaktionären Geist atmen, wurde trotzdem im Jahre 1923 von der Regierung bestätigt – und erst heute, da die kommunistische Propaganda unter den armen und mittleren menonitischen Bauern einige Erfolge zeitigt, beginnt man, den Verband zu reorganisieren. In Moskau erscheint, unter anderen religiösen Zeitschriften, die Monatsschrift der Siebten-Tag-Adventisten, die eine eifrige Propaganda für das »Bibellesen im Hause« treibt und auch sonst gewiß nicht revolutionär ist. Mohammedaner, Juden, Duchoborzen, Molokaner – alle bekannten und unbekannten Konfessionen, an denen Rußland so reich ist, leben frei und erholen sich geradezu von den Verfolgungen des Zaren – unter der Herrschaft der prinzipiellen Atheisten. Wer wollte behaupten, daß die Sowjetregierung heute noch die Religion verfolge?

Man treibt nur *Propaganda* gegen die Religion. Sie ist die selbstverständliche Konsequenz des »dialektischen Materialismus«. Man ist bemüht, die Propaganda sachlich, kühl, objektiv zu gestalten. Daß sie trotzdem in Aggressivität ausartet, ist nicht die Schuld ihrer Urheber. Denn erstens sind von allen Bekehrungs-Methoden die gegen den Glauben angewandten ihrer Natur nach am wenigsten behutsam. Gefühle sind eben leichter zu verletzen als zum Beispiel Meinungen. Zweitens: sind die Missionare des Atheismus nicht geeignet, gerade das zu schonen, was anzugreifen ihre Aufgabe ist. Es ist ja gerade ihre Pflicht, ihr Beruf, bei jeder metaphysisch verdächtigen Äußerung des Lebens nach dem naturwissenschaftlich fixierten »Nerv« zu suchen, der sie verursacht haben könnte. Es kann also höchstens ihr Bestreben sein, nicht »auf die Nerven zu fallen«. Aber sie fallen sozusagen meist auf Gefühle.

Verletzend ist nicht das Argument des »Materialismus«, sondern die *Billigkeit* seines Arguments. Es gibt selbstverständlich auch diffizile. Aber sie eignen sich nicht für die alltägliche Propaganda. Der landläufige agitatorische Materialismus in Rußland hat ein paar grobe, niederschmetternde, für europäische Ohren unglaublich antiquierte »Beweise«: Zum Beispiel: Donner und Blitz sind Erscheinungen der Elektrizität; die Welt ist billionenmal älter, als die Bibel glaubt; die Welt ist nicht in sechs Tagen, der Mensch nicht aus Staub erschaffen worden: er kommt vom Affenmenschen her. Besonders über diese Entdeckung herrscht in Rußland eine unwahrscheinlich naive Freude. Die Menschen sind so stolz darauf, mit dem Pithekanthropus verwandt zu sein, als hätten sie eine Erbschaft von ihm zu erwarten und als hätten wir dieses Erbe nicht schon längst aufgezehrt. In einer Broschüre: »Antireligiöse Propaganda im Dorf« von E. Feodorow, die für Dorf-Agitatoren bestimmt ist, stehen folgende Definitionen: »Das Peter- und Paulsfest gehört zu jenen Feiertagen, *die den Zweck haben, die Ausbeutung der arbeitenden Massen durch die Kapitalisten zu rechtfertigen* und jeden Versuch, einen Aufstand zu erheben, durch eine Berufung auf die göttliche Autorität zu unterdrücken.« Oder: »Alle unsere Seelen-Erscheinungen – Ärger, Freude, Angst, die Fähigkeit, zu denken und zu räsonieren – sind Folgen der Arbeit des Zentralhirns und der Nerven.« Der zwanzigste Juni alten Stils, der Tag des Elias, der nach dem Glauben der Bauern über Donner und Blitz zu verfügen hat, wird im neuen Rußland auch offiziell gefeiert, und zwar als »Elektrifikationstag«. Und manchmal protestiert eine Broschüre gegen das Läuten der Kirchenglocken, weil es denerviere und weil in – Zürich das Glockenläuten verboten sei. Ich weiß nicht, ob es stimmt – aber: Zürich! Zürich! Welch ein Muster für Revolutionäre!...

Das ist nämlich das Un-Revolutionäre, Reaktionäre, Spießige an dieser antireligiösen Propaganda: dieser Wunsch nach stummen Glocken; dieses Peter-Paulsfest, das den Zweck hat, die Ausbeutung der Massen zu rechtfertigen; dieser »Elektrifikationstag«; diese Seelenerscheinungen im Nervensystem und diese Genügsamkeit, die keine anderen Seelenerscheinungen kennt als: Ärger, Freude, Angst, Denken und Räsonieren; fünf Zustände, wie fünf Finger; dieses Argument gegen die Bibel: ein »Märchen«; dieser mittelmäßige, banale, philiströse Affen-Mensch inmitten der aufgeklärten Schweizer Alpen...

Als Gorki einmal in einem Artikel schrieb: »Die Gottsucherei muß man eine Zeitlang aufschieben. – Ihr habt keinen Gott! Ihr habt ihn noch nicht geschaffen!« – bekam er einen bösen Brief von Lenin: »Daraus geht also hervor, daß Sie nur eine Zeitlang gegen die Gottsucherei sind! – Jeder Gott ist eine Seuche – vom sozialen, nicht vom persönlichen Gesichtspunkt ist jede Gottschafferei nichts anderes als die liebevolle Selbstbetrachtung des stumpfsinnigen Kleinbürgertums – Gott ist zu allererst ein Komplex von Ideen, die durch die stumpfsinnige Niedergedrücktheit des Menschen und die äußere Natur und die Klassenunterdrückung erzeugt wurden –«

Das war im Jahre 1913. Und diese Angst vor Gott, die genau so groß war wie die Angst eines Frommen vor dem Teufel, stammt noch aus den neunziger Jahren. Indessen haben wir 1926. Dazwischen war der Krieg, der Tod, die große Revolution und der große Lenin selbst, bei dessen Tod ein Schauer durch ganz Rußland ging, der keineswegs nur wie eine »Funktion des Nervensystems« aussah. Dazwischen ist das Wissen von der Relativität der »Wahrheit«, von der Wahrheit des »Unwahren«. Wenn man uns heute sagt, daß etwas »nur ein Märchen« sei, so ist das für uns noch lange kein Grund, ihm nicht zu glauben. Den Pithekanthropus haben wir längst akzeptiert, die Aufklärung haben wir längst verdaut. Wir haben den Weg schon zurückgelegt, auf dem man erfreut feststellt, daß die »Wunder« »erklärbar« sind. Wir wandern schon den Weg, auf dem man erfährt, daß auch das »Erklärliche« ein Wunder ist. Kurz: wir sind im zwanzigsten Jahrhundert. Im geistigen – nicht im politischen – Rußland feiert man die letzten Jahrzehnte des neunzehnten. Wenn man folgende Zuschrift eines bäuerlichen Jungkommunisten an die Zeitung liest:

»Mit Beendigung der Feldarbeit werden die Straßen unseres Dorfes wieder lebendig. Unsere Arbeiter- und Bauernjugend – weiß nicht, wohin mit der freien Zeit. Aus diesem Grunde besucht sie *erstens* allsonntäglich den Gottesdienst; und *zweitens* treibt sie allerhand Unwesen –«

so versteht man die unglaubliche Primitivität dieses Materialismus, der so stolz ist, den allsonntäglichen Gottesdienst endlich als »allerhand Unwesen« entlarvt zu haben – – und hat auch vielleicht eine ferne Vorstellung von der bisher so unbekannt gewesenen *Areligiosität des russischen Durchschnitts-Menschen*. Seine Gläubigkeit war ebenso von primitiv sinnlichen, religiösen Formen erhalten und bedingt, wie jetzt sein Unglaube vom primitiv naturwissenschaftlichen Abc. Diese Kirche, die ein so hartes Regiment gegen Abtrünnige führte, schuf selbst die Voraussetzungen für Abfall und Abkehr. Diese Kirche stand eine Zeitlang im Dienste mohammedanischer Chans gegen russische Bauern. Sie schenkte Rußland den ersten

Romanow, den Sohn ihres Oberhauptes, um sich dem Zaren zu verkaufen wie früher dem Chan. Ihre Klöster lebten von der Arbeit der Leibeigenen. Das Troizlo-Ssergejewer Kloster hatte 106 000 Leibeigene, die Alexandro-Newiker Lawra 25 000. Im Anfang des 20. Jahrhunderts besaß die Kirche in Rußland 2 611 000 Deßjatinen Land. Das Jahreseinkommen des Moskauer Metropoliten betrug 81 000 Rubel, das des Nowgoroder Erzbischofs 307 500 Rubel, das des Petersburger Metropoliten 259 000 Rubel. Die Priester der orthodoxen Kirche waren und sind weniger »Diener Gottes« als Handlanger und Zeremonien-Vollstrecker. Sie waren nicht die Mittler zwischen Gebet und Erhörung. Gewissermaßen über ihre Köpfe hinweg ging der Glaube der Massen. Sie hatten keine bevorzugte Stellung, sie hatten nur Einnahmen. Sie nahmen die traditionellen Abgaben entgegen nicht wie Priester, sondern wie Tempeldiener.

Die Vorstellung, die sich in Westeuropa herausgebildet hatte, daß in Rußland jeder Bauer ein »Gottsucher« sei, beruht auf falsch verstandenen literarischen Voraussetzungen. Er war nur: näher der Natur und metaphysisch weniger befriedigt. Er absolviert jetzt das Stadium der primitiven Naturwissenschaft, die erste Stufe des Rationalismus. Vielleicht wird er auch dann, wie die Intellektuellen und die geistig Schöpferischen dem Zauber seiner reichen Kirche erliegen, deren Söhne keinen Priester brauchen, weil sie eine direkte, unmittelbare Beziehung zu den Gegenständen ihres Glaubens haben.

Man bekommt eine Ahnung von der Fremdheit, ja der Unheimlichkeit dieser Kirche, wenn man ihre Glocken hört. Viele läuten auf einmal. Die hellen fahren lärmend zwischen die tiefen. Die tiefen, schweren, alten läuten immer schneller, als hätten sie den Ehrgeiz, so flink wie die jungen zu sein. Sie schwingen nicht in horizontaler Richtung wie alle Glocken der Welt – es scheint, daß sie sich drehen, im Kreis, wie Tänzerinnen. Sie sind so laut, als wären sie unten, in der nächsten Straße. Aber sie leben hoch oben, verborgen in Türmen – und man staunt über diese Nähe des Tons, bei dieser Ferne des Instruments, wie man an klaren Sommertagen verwundert den nahen Gesang der Lerchen hört, die, gar nicht sichtbar, im Himmel verschwunden sind.

Wenn die Glocken ertönen, fallen alle Männer zu Boden, Bauern schlagen drei Kreuze, im Gehen, ohne sich aufzuhalten – es ist eine mechanische Äußerung. Die Bettler stehen vor den Kirchen, als kostete der Eintritt Geld, das Gesicht dem Glänzenden zugewandt, das von innen kommt, von den silbernen, blauen, roten, goldenen Gewändern der Popen, den goldenen, zarten Filigrantüren hinter dem Altar, den dicken goldenen Kerzen. Schwarze, vermummte Frauen huschen fortwährend von Leuchter zu Leuchter. Alle abgebrannten Stümpfchen kleben sie zu neuen, großen Lichtern zusammen. Schwarz, klein, flink und still, mit Brillen auf den Nasen – gleichen sie frommen Kirchen-Eulen, die nach dem Gottesdienst im Gebälk und Gesims hängen. Der schwarze Baß des Popen steigt auf aus einem Sarg, von oben kommt die helle Litanei einer Frau. Rhythmus und Tonfarbe des Gebets sind wie die der Glocken. Die gleichen akustischen Gesetze beherrschen Glocken und Kehlen.

Die Kirchen sind besser besucht, als man glauben sollte. Die Mönchs- und Nonnenklöster haben sich zeitgemäß in »Arbeitsgemeinschaften« verwandelt, bebauen mit Eifer ihren Boden und liefern ihre verhältnismäßig hohen Erträge den Kirchen und Popen ab. In Charkow (in der Ukraine sind die Bauern sehr fromm) brachte man an einem Oktobertag Ikonen aus der Umgebung in feierlicher Prozession wieder in die Stadt. Sie hatten den Sommer über für die Fruchtbarkeit der Felder zu sorgen gehabt. Die Straßen waren voll, Droschken konnten nicht passieren, alle Dörfer der Umgebung schienen in der Stadt zu sein. Alle Glocken läuteten. Die Menge kniete. Viele berührten mit der Stirn das nasse Pflaster. Es regnete dünn, oktoberhaft, es war ein Duft von welkem Laub wie Weihrauch über den Menschen. Es wurde Abend.

Es kam die Stunde, da in den Dörfern die Vorträge in den Klubs beginnen, wo man lesen und schreiben lernt, die Abstammung des Menschen und die definitive Leere des Himmels.

Man sieht, daß es eine grobe Verleumdung ist, von einer Verfolgung der Kirche zu sprechen. Der Kampf vollzieht sich *in einer ganz anderen Sphäre*. Der frisch-trocken-fröhliche Rationalismus findet seinen Niederschlag in der Kunst, in der Literatur, in Gedichten, in Essays, in allen Dingen des geistigen Lebens. Die Antireligiosität wird antiquiert, flach, langweilig. Die banale Ironie des »Gebildeten«, die alle Erscheinungen jenseits des Begreifens »ein Teegespräch für spiritistische Damen« nennt und sich dabei sehr geistreich vorkommt, hat keinen anderen Erfolg als den, daß sie auch den klügsten »Atheisten« einem halbgebildeten Autodidakten verdächtig nahe bringt. Es weht ein Geruch von sehr selbstbewußtem, engem, unduldsam aufgeklärtem Geist in der Luft: es ist der Geruch des Lexikons, wo »alles schon drin steht« ...

XIV. Die Stadt geht ins Dorf

Frankfurter Zeitung, 12. 12. 1926

Die Zivilisierung des *russischen Bauern*, die Rehabilitierung seiner Menschlichkeit, die Ausrottung des Gutsbesitzers, der privilegierten Nagajka-Schwinger, dieses grotesken Sklavenhalter-Systems, der »patriarchalischen« Prügelmeister: das sind bis jetzt die größten menschlichen und historischen Verdienste der großen Revolution. Der russische Bauer ist für immer befreit. Er hält einen schönen, roten, feierlichen Einzug in die Reihe der freien Menschheit.

Man weiß, daß in keinem Lande der Welt der Unterschied zwischen Stadt und Dorf so groß war wie im zaristischen Rußland. Der Bauer war von der Stadt weiter entfernt als von den Sternen. Zu den wichtigsten Sorgen des revolutionären Rußland gehört deshalb: wie kommt die Stadt zum Bauern? Sie darf sich nicht damit begnügen, die Proletarisierung des Bauern der historischen, wirtschaftlichen Entwicklung zu überlassen. Sie rückt gleichsam freiwillig ins Dorf vor. Sie »industrialisiert« es. Sie versorgt es mit Bildung, Propaganda, Zivilisation, Revolution. Sie senkt ihr eigenes Niveau – was auf allen geistigen Gebieten in Rußland fühlbar wird –, um vom Dorf verstanden zu werden. Es war einmal der romantische Traum der alten, slawophil-narodnitischen revolutionären Intelligenz, »unters Volk zu gehen«, zu den armen Bauern, um die »Empörung« zu entfachen. Wie anders, wie rationalistisch, mathematisch, präzise und praktisch sieht die Revolutionierung des Dorfes durch die Kommunisten aus!

Es ist eine der schwierigsten Aufgaben der Revolution: die Bauern zu revolutionieren – aber vorher alle die zivilisatorischen Leistungen zu vollbringen, die das Werk des Kapitalismus sind. Die Revolution muß gewissermaßen im Namen des Sozialismus »kapitalistische Kultur« verbreiten. Sie muß außerdem in *einem* Jahrzehnt die ländlichen Massen Rußlands dorthin bringen, wohin die jahrhundertelange Entwicklung des Kapitalismus die westlichen geführt hat. Gleichzeitig soll sie jede etwa erwachende Neigung zur »bourgeoisen Psychologie« vernichten. Und da die »Psychologie« vom Objekt schwer zu trennen ist, wird die Aufgabe der Revolution immer schwieriger, je besser sie fortschreitet. Wie soll man die Erziehung zur kapitalistisch-rationellen Ausnützung des Besitzes mit der zum »kollektivistischen Gefühl« vereinigen? Hier droht der Revolution die größte Gefahr. Arbeitet sie schließlich nicht gegen ihren Willen für eine *Verbürgerlichung* des Primitiven? Hält sie das Werk des Sozialismus auf, während sie ihn propagiert? Verliert sie nicht zu viel Energie an der Zivilisierung – und bleibt ihr noch Intensität genug für die zweitnächste Etappe: den Sozialismus?

Vorläufig verwechselt der primitive Dorfmensch Zivilisation und Kommunismus. Vorläufig glaubt der russische Bauer, Elektrizität und Demokratie, Radio und Hygiene, Alphabet und Traktor, die ordentliche Gerichtsbarkeit, Zeitung und Kino wären Schöpfungen der Revolution. Aber diese Zivilisation emanzipiert den Bauern auch von der »Scholle«. Er wird ein »Landwirt«. Das soll die unvermeidliche Etappe auf dem Weg zum »bewußten Proletarier« sein. Sozialismus gedeiht nur bei der Musik der Maschine. Also, Maschinen her! Traktoren! Aber der Traktor ist stärker als der Mensch – ungefähr wie das Gewehr stärker ist als der Soldat. Das Instrument der Gewinst-Vergrößerung erzeugt eben »bourgeoise Psychologie« – beim Bauern, der ohnehin für das »kollektivistische Gefühl« gerade nicht prädestiniert erscheint.

Man darf nicht aus dem Regen in die Traufe kommen. Man darf nicht aus dem der »Proletarisierung« unbewußt widerstrebenden Bauern einen ihr feindlich gesinnten Halb-Bourgeois machen. Was ist dagegen zu tun? Kommunistische Agitation. Propaganda. Bewußte Identifizierung oder zumindest *gleichzeitige* Verbreitung der Kultur und der kommunistischen Idee: durch Schulen, Klubs, Theater, Zeitungen und den Dienst in der Roten Armee. »Liquidierung des Analphabetismus« heißt, in die Zwecksprache übersetzt, gleichzeitig: Verbürgerlichung verhindern; Eigentumsgefühle ausrotten; den Haß gegen den noch verbliebenen »Kulaken« (Großbauern) wacherhalten.

Das sind also die zwei Prinzipien der russischen Bauern-Kulturpolitik: Mechanisierung des Betriebs und Urbanisierung des Menschen; Industrialisierung des Feldes und Proletarisierung des Bauern; Amerikanisierung des Dorfs und sozialistische Revolutionierung seiner Bewohner. Das sind die Widersprüche, aus denen alle sogenannten »inneren Schwierigkeiten« entstehen. Ja, *das ist das*

Problem der russischen Revolution. Hier wird es sich entscheiden, ob sie zu einer neuen Weltordnung führt oder ob sie die stärksten Reste einer alten vernichtet hat; ob sie der Anfang einer neuen Epoche ist oder das verspätete Ende einer alten; ob sie nur die Herstellung eines gewissen Gleichgewichts zwischen der Kultur des Westens und der des Ostens bewirkt oder ob sie daran ist, die westliche Welt aus dem Gleichgewicht zu heben.

Das *Gesicht des Dorfes* hat sich wenig geändert. Ich kannte die ukrainischen Dörfer aus dem Krieg. Ich sah sie jetzt, nach acht Jahren, wieder. Immer noch liegen sie da wie Kindheitsträume der Welt. Krieg, Hunger, Revolution, Bürgerkrieg, Typhus, Hinrichtungen, Feuer: sie haben alles überstanden. Im nordfranzösischen Kriegsgebiet riechen heute noch die Bäume nach Brand. Wie stark ist die russische Erde! Ihre Bäume duften nach Wasser, Harz und Wind, der Geburtenüberschuß in den Dörfern ist noch größer als der – beträchtliche – in den Städten, Brot blüht aus dem Moder der Toten, wie früher läuten die Glocken Neugeborene und Bräute ein, die Raben, die Vögel des Ostens, sammeln sich zu Hunderten in den Bäumen, der winterliche Himmel ist einheitlich grau, sehr nahe und sehr weich von den vielen Schneeflocken, die bald herunterfallen werden. Immer noch sind die Dächer aus Stroh, Schindeln und Lehm, immer noch herrscht das Dreikammer-System der Hütte vor, die Tier und Mensch beherbergt, immer noch bestreicht man die Wände und den irdenen Fußboden mit frischer Düngerflüssigkeit, die wochenlang einen scharfen Geruch verbreitet, aber dann eine wunderbar schimmernde, silbrige Farbe hat, die dauerhaft ist und – nach dem Glauben der Bauern – Wärme erhält.

Das Gesicht des *jungen russischen Bauern* aber ist stark verändert. Er hat den unsinnigen, erbärmlichen, feigen Respekt vor der »Kultur«, der »Stadt«, dem »Herrn« verloren. Er grüßt immer noch den Fremden ehrerbietig, aber nur weil dieser ein Gast und er der Wirt ist. Er hat die schöne stolze Freundlichkeit des Befreiten. Er lernt im Klub am Abend das Alphabet, die Zeichnungen an den Wänden, Geographie, Agronomie, er widerspricht heftig und selbstbewußt in Versammlungen, er karikiert Beamte und öffentliche Organe in der Wandzeitung, er steht nicht mehr verwirrt vor dem Automobil, das den Fremden gebracht hat, er erkundigt sich nach Herkunft, Alter, Art der Maschine. Die Frauen lernen Hygiene für Haus, Tiere, Kinder, sie lernen schneller und freudiger als die Männer. Die Stadt ist allen vertraut. Da geht ein Junger in die »professionell-technische« Schule, dort rückt ein anderer zur Roten Armee ein, ein Dritter kehrt heim, hält Vorträge, verfaßt Berichte, Beschwerden, wird beinahe galant zu den Frauen. Alles, was in der Stadt Banalität wird und Spießer erzeugt: die popularisiert-verflachte Wissenschaft, die plumpe sexuelle Aufklärung, die billige Tendenz in Bild und Buch: der Mensch vom Lande kann es verwerten, ohne an Unmittelbarkeit, an Kraft, an Originalität zu verlieren. Der trockene Geruch des Papiers verliert sich im Ozon des Landes. Der Bauer wird klüger als die Broschüre, die ihn klug macht, origineller als der Agitator, der ihn aufklärt, künstlerischer als der Dichter, der ihn besingt, wahrhaft revolutionärer als die Phrase aus dem Manifest. Heute leben die wirklich revolutionären Menschen im Dorf. In der Stadt ist der Heros den Bürokraten gewichen, der den Beschluß der XIII. Parteikonferenz memorieren kann und die Aufnahmeprüfung in den Kommunismus mit 1a bestanden hat.

Freilich klagt der Bauer (wenn er nicht zur alten Garde der Feigen gehört) vernehmlich über die »schlechte Lage«, über Steuern, falsche Versprechungen, über Traktoren, die nicht ankommen und andere, die verrosten, über wirkliche oder angebliche Ungerechtigkeiten. Aber es gibt gewiß in der ganzen Welt kein Dorf, in der ganzen Geschichte der Menschheit kein Jahr, in denen der Bauer nicht etwa geklagt hätte. Der russische Bauer weiß, was er der Revolution zu verdanken hat. Noch gedenkt er der Stockstreiche, der zaristischen Polizei, der Spitzel, der Armee, der Pächter, der Besitzer. Noch ist der »Kulak« da, eine ständige Gefahr, die revolutionär erhält, der Kulak, dessen Furchtsamkeit immer geringer wird und der von einer diplomatischen, ausweichenden, nicht zu fassenden, schlauen Bedrohlichkeit ist.

Der großen Masse der russischen Bauern ist das selbstverständliche Gefühl, daß die Regierung Blut von ihrem Blut ist, trotzdem immer noch fremd. Sie ist dazu erzogen, in der Regierung etwas Fremdes, »oben« Befindliches zu sehen. Manchem Theoretiker der russischen Politik fehlt auch das Verständnis für die besondere Psychologie des Bauern. Es kann sein, daß die fortschreitende Aufklärung auch im Dorf die Banalität erzeugt, die in den Städten schon ausgebrochen ist. Aber heute noch sieht man auf dem Lande das schöne Schauspiel: wie aus Knechten Menschen werden.

XV. Jewgraf oder der liquidierte Heroismus

Frankfurter Zeitung, 21. 12. 1926

In einem Moskauer Theater sah ich ein schlechtes, kitschiges, rohes, aber sehr aufschlußreiches Stück. Es heißt: » *Jewgraf,* iskatel' prikljucenij« (Jewgraf, der Schmied seines Schicksals). Wer ist Jewgraf? Ein junger Mann, Neffe eines Friseurladenbesitzers und selbst von Beruf Barbiergehilfe, am Geschäft seines Oheims beteiligt, ein aussichtsreicher Kompagnon, geliebt von der hübschen Kassierin des Oheims und berechtigt, eine Zukunft zu erwarten, die selbst in dieser verworrenen Zeit, selbst in diesem revolutionären Lande eine solide genannt werden kann. Jewgraf aber verschmäht Beruf, Kassierin und Zukunft, er will nicht Barbier sein, er will ein Held sein. Natürlich sinkt er jene bekannten »Stufen« hinunter, die es auch in Rußland gibt, und endet durch reuigen Selbstmord, nachdem er einen jüdischen Nep-Mann umgebracht hat. Weshalb will Jewgraf nicht Barbier und am Leben bleiben? Weil er ein revolutionärer Held war, weil er die Zeit nicht vergessen kann, in der er in den Reihen der Roten Armee kämpfte, Güter konfiszierte, satte Bürger aus ihren Häusern hinauswarf, sie vor sich auf den Knien liegen sah, ihr Leben und eine berauschende Macht in der Hand hielt. Wie soll man denn wieder vor allen diesen oder vor noch schlimmeren neuen Bürgern Verbeugungen machen und Türen aufreißen, wie es schließlich auch Friseurgehilfen in Rußland machen müssen?

»Jewgraf« ist, wie gesagt, ein rohes Stück (eines jener vielen kleinbürgerlich-brutalen Stücke, die jetzt in Rußland so oft gespielt werden und über die ich noch sprechen werde), der Autor packt das Problem mit beiden Fäusten und erdrosselt es beinahe, er übertreibt nicht künstlerisch, sondern didaktisch, also nach falschen Richtungen, er ist ein »Moralist«, er will zeigen, daß die Zeit gekommen ist, in der die Heroen Bürger werden müssen, soll es ihnen nicht schlecht ergehen. Aber gerade deshalb wird er selbst ebenso charakteristisch für diese Epoche der Revolution wie sein Held. Mir ist Jewgraf sympathischer als der Autor und als die augenblicklich im Lande der Revolution herrschende bürgerliche Moral; obgleich ich glaube, daß man Nep-Leute rasieren und dennoch ein Revolutionär sein kann. Aber Jewgraf ist hier, so plump er auch gelungen ist, ein repräsentativer, symbolischer Typus, sein Schicksal ist das eines Revolutionärs, der aus den nüchternen Tagen des augenblicklichen oder wirklichen »Aufbaus« herausfällt. Wer aber nicht nur ihn und seinen Fall betrachtet, sondern auch den »Aufbau« (was der Autor natürlich nicht tut), der wird fragen: Sind die Jewgrafs wirklich selbst schuld an ihrem Schicksal oder sind es die »aufbauenden Kräfte«? Gibt es nur zweierlei: Heroen oder Spießer? Wenn die Handgranate den Revolutionär, das Rasiermesser den Kleinbürger macht – was ist denn der »Bürger«, gegen den man so viel Handgranaten anwendet? Ist er nicht eher eine häßliche Schöpfung der Natur als ein gefährliches Produkt wirtschaftlicher Ordnungen? Wenn man nicht einmal die Methode seines Erwerbs zu ändern braucht, wenn man nicht einmal aus einem »Arbeitnehmer« ein »Arbeitgeber« werden muß, sondern sich einfach aus einem proletarischen Revolutionär in einen proletarischen Spießer verwandeln kann – wo ist die Grenze zwischen »Bürger« und »Freiem«? Ist es der »Geldschrank«, der den »satten Bourgeois« macht, so ist es die Liebe zur Ruhe, zum behaglichen Sonntag, zum Bierkrug, zum Grammophon, zu Frau und Kind, zum Besuch im Museum, zur Schachpartie im Klub, die den *mageren* Bourgeois macht. Auf den Körperumfang aber kommt es nicht an. Daß Sonntag, Bier, Grammophon, Museum und Schach bürgerliche Erbschaft sind und daß sie in einer nicht kapitalistischen Gesellschaft nicht hätten gedeihen können, kann kein Theoretiker behaupten: sie werden ja auch von der Revolution nicht abgelehnt, sondern freudig akzeptiert, verwaltet, gepflegt. Selbst wenn die typisch bürgerliche geistige Struktur als eine direkte Folge der kapitalistischen Wirtschaftsform erkannt wird, ist es dennoch noch nicht ausgeschlossen, daß eine natürliche Veranlagung zur »Bürgerlichkeit« a priori vorhanden ist. *Ja, die kleinbürgerlichen Neigungen und Hemmungen des Proletariers beweisen es gerade.* Es kann nicht der Sinn der Revolution sein, den Bürger durch Bürger abzulösen, den ausbeutenden Bourgeois durch den ausgebeuteten Bourgeois, den grausamen Spießer durch den leidenden Spießer. Es kann nicht ihr Sinn sein, alle Welt mit Grammophon, Museum, Schach zu beglücken. Es kann nicht ihr Schicksal sein, zu »verbürgerlichen«.

In Rußland aber »verbürgerlicht« sie. Fast aller revolutionären Ideen, Einrichtungen, Organisationen hat sich der kleinbürgerliche Geist bemächtigt, der in der Politik schon lange sichtbar ist, der den Heroismus liquidiert, die Bürokratie aufbaut, selbst wenn er sich einbildet, sie »abzubauen«, indem er Beamte entläßt. Es kommt eben nicht auf die Zahl an, wie die heutigen Verwalter der russischen Revolution glauben und wie sie immer wieder betonen. Es herrscht in Rußland ein *Fanatismus der Statistik*, eine Anbetung der Ziffer, die man in den Rang eines Arguments erhebt. Niemand ist, wie man weiß, stolzer, glücklicher und lächerlicher als ein Ideologe, der Gelegenheit findet, »Tatsachen« aufzuzählen. Jetzt, so bildet er sich ein, hat er die »Realität« am Kragen gepackt. (Er ist niemals weiter von der Realität entfernt gewesen.) Auf allen Versammlungen, auf allen Konferenzen, in allen Schulvorträgen, in allen Zeitungen erklingen diese stolzen »Feststellungen«: »Im Jahre 1913 hatte Rußland siebzig Prozent Analphabeten, zwanzig oder dreißig Prozent Schulbesucher – jetzt haben wir fünfzig und fünfzig.« Oder: »1913 hatten wir nur soundso viel Prozent Universitätsprofessoren, jetzt haben wir sechsmal mehr.« (Die Zahlen sind willkürlich angenommen.) – So geht es seit ungefähr drei Jahren in einem fort. Aber aus keiner Statistik geht hervor, ob man nicht statt der siebzig Prozent Analphabeten fünfundneunzig Prozent Spießer bekommt, kleine Reaktionäre; ob der sechshundertste Bauer *das* liest, was ihn klüger macht oder das, was ihn dümmer macht (denn man kann durch Lesen dumm werden); ob der tausendste neue Professor auch sein Amt ausfüllen kann; ob die dreißig Prozent proletarischer Universitätshörer auch genügend Vorbildung haben. Die verantwortlichen Männer Rußlands leben im Rausch der Zahlen, und die großen, runden Nullen verdecken die wahren Gesichter der Realitäten.

»Wir haben drei Millionen Pioniere, eine Million Komsomols! Die Zukunft der Revolution!« – Aber diese Zahlen verraten mir nicht, daß die ganze bürgerliche Jugend mit Freuden in die Pionierorganisationen strömt und daß auch die Proletarierkinder bürgerlich werden, daß die rote Farbe ihrer Fahnen nicht anders wirkt als eine gelb-grün-blaue, daß gerade die braven Streber, die typisch-kleinbürgerlichen Naturen, die früher zaristische Stipendien bekommen hätten, heute Komsomols werden und die Parteibeschlüsse auswendig büffeln. Ich sah im Hause eines befreundeten Kom-

munisten eine alte gutbürgerliche jüdische Großmutter ihr Enkel-
kind wiegen und sie sprach dazu: »Pawelchen, Pawelchen wirst ein
Komsomolchen!« Eine achtjährige Pionierin erklärt mir deklamato-
risch: »Ich glaube nicht an Gott, ich glaube an die Masse!« »Ich muß
unbedingt in die Partei kommen«, sagt mir ein Komsomol, »ich will
ins Ausland mit einem staatlichen Stipendium.« Die Partei ist nun
glücklich von »unzuverlässigen Elementen«, revolutionären Naturen, »kleinbürgerlichen« Anarchisten gesäubert. Jetzt strömen ihr
streberische, zuverlässige, kleinbürgerliche »Marxisten« zu. Die
Säuberung, welche die Partei alljährlich vornimmt, trifft höchstens
die plumpen Karriere-Macher. Aber die braven Vorzugsschüler des
Kommunismus, die eigentlichen Bürger bleiben selbstverständlich.
Sie sind ja so schwer zu agnoszieren. Welch eine Entwicklung! Die
Revolution, die Partei, die leitenden Männer sind gewiß nicht verantwortlich für die groben Geschmacklosigkeiten der Fabrikanten
und der Händler. Und dennoch muß man an den Geist denken, der
jetzt die Revolution verflacht, wenn man in Briefpapierläden, in
Apotheken und in Delikatessengeschäften häßliche Büsten revolutionärer Männer sieht, Lenin auf einem Tintenfaß, Marx als Papier-
messer-Griff, Lassalle über Kaviarbüchsen, Schleier, Glasperlen, die
Porträts darstellen, revolutionäre Führerphysiognomien auf Beeten
in öffentlichen Parks, aus Gras gezeichnet. Das alles soll nicht
»kleinbürgerlich« sein? Den Männern der Statistik fällt dergleichen
nicht auf und die fremden Beobachter haben so viel zu »besichti-
gen«, daß ihnen das Sehen vergeht. Es ist auch nicht jedem gegeben,
einer Geschmacklosigkeit soviel Bedeutung beizumessen und in ihr
die wüste Reaktion zu sehen, die revolutionäre Embleme herab-
würdigt. Es gibt angeblich »wichtigere« Dinge, zum Beispiel: *noch
eine Ziffer.*

Ich kann die Jewgrafs sehr gut verstehen. Sie werden wild. Sie rebellieren vor Enttäuschung. Sie sehen die Revolution bürgerlich
werden, mit der Verzweiflung, mit der man eine geliebte Frau dick
werden sieht. Ein Vergleich mit alten zaristischen Zeiten, der immer
wieder als Trost gemacht wird, kann niemanden befriedigen. Denn
der Zar ist schon lange tot und diese Revolution wollte ja *mehr* sein
als eine antizaristische. Lenin hat sie geführt – welch ein Trost ist da
ein Blick auf die zaristische Epoche!...

XVI. Öffentliche Meinung, Zeitungen, Zensur

Frankfurter Zeitung, 28. 12. 1926

Es gehört zum Wesen einer reaktionären Diktatur (etwa Mussolini), daß sie in der Hauptsache »verbietet«. Es gehört zum Wesen der proletarischen Diktatur in Rußland, daß sie (heute schon) *mehr diktiert als verbietet*, mehr erzieht als bestraft, eher prophylaktisch als polizeilich wirkt. Deshalb – und weil überhaupt in Rußland vor der Revolution eine breite öffentliche Meinung nicht bestanden hat – hemmt die kommunistische Zensur in diesem Lande vielleicht den Gelehrten, den Künstler, den Philosophen, den Schriftsteller: dafür erzieht sie die Massen überhaupt erst zu der praktischen Anwendung einer Meinung. Die Zeitung steht im Dienst der Zensur: nicht dadurch, daß sie die Wahrheit unterdrückt, sondern dadurch, daß sie den Willen der Zensur propagiert. Den Willen der Zensur: das heißt den Willen der Regierung. Die Zeitung wird das Organ der Zensur, weil sie das Organ der Regierung ist. Der Zensor selbst könnte sie redigieren. Infolgedessen hat sie auch eine gewisse Freiheit der Meinungs-Äußerung. Zensor und Journalist stehen (wirklich oder angeblich) auf dem Boden derselben Weltanschauung. Sie verstoßen zumindest nicht gegen die Staatsreligion, die in diesem Staat der Atheisten: kommunistische Ideologie heißt. Wer sich zu dieser bekennt oder ihr mindestens sympathisierend gegenübersteht, hat ein Recht zur Kritik, die allerdings niemals den Rahmen sprengen darf. Und sie sprengt niemals den Rahmen. Weshalb?

Man sehe sich einmal die vielen Zuschriften aus dem Publikum an die russischen Zeitungen an. Diese öffnen bereitwillig, höchst erfreut ihre Spalten der Kritik. In keinem Lande der Welt wird so viel öffentlich kritisiert. Es wird sogar scharf kritisiert. Man spart nicht mit Vorwürfen und Angriffen, Anprangerungen und öffentlichen Anklagen. Und dennoch wird diese Schärfe niemals staatsgefährlich, niemals der Staatsideologie gefährlich. Warum? Weil der Staat, weil die Zensur, weil ihre Organe: die Zeitungen die Massen zur Kritik erziehen und *selbst* die Losungen ausgeben, gewissermaßen die Leitmotive der öffentlichen Meinung für die nächsten paar Monate. Es ist ein geistiger, sehr kluger, sehr staatspolitischer Angelsport. Von oben wird der Haken mit den fetten »Mißständen«

ausgeworfen und die kritik-hungrigen Massen schnappen danach. Es scheint mir, daß die Sowjetregierung die einzige ist, welche die Kritik als einen *Naturtrieb des Menschen und der Massen* erkannt hat. Sie beeilt sich, ihn sich dienstbar zu machen, indem sie ihn selbst pflegt und leitet. Ihre Methode ist – auch vom historisch objektiven Standpunkt aus – deshalb gerechtfertigt, weil die russischen Massen heute noch eine solche Aufsicht brauchen; weil sie ohne diese Leitung von oben noch lange nicht eine »öffentliche Meinung« zu bilden begonnen hätten. Überflüssig zu sagen, daß dieser kluge Ausweg auch ein glänzendes Propagandamittel für den Sowjetstaat ist, daß man jeden Vorwurf einer Unterdrückung der Kritik durch einen einfachen Hinweis auf die Zeitungen widerlegen kann.

Man muß schon in Rußland leben und die (sehr seltene) mündliche, private Kritik der Einzelnen gehört haben, um zu erkennen, wodurch sich die offen sichtbare, die gedruckte öffentliche Meinung von der Meinungsfreiheit eines kultureren Landes unterscheidet. Die öffentliche, laute, staatstreue Kritik ist eine Kritik der Parolen, der Losungen, der Schlagworte. Die erkennbare »öffentliche Meinung« im heutigen Rußland ist die gewaltige Summe (nicht die Potenz) addierter *Echos auf eine den Massen zugerufene Formulierung.* Der geübte Hörer erkennt am Echo den Rufer. Der Rufer steht oben.

Daher die auffällige Häufigkeit druckreifer, beinahe schon typographisch durchdachter, fix und fertiger Definitionen der »öffentlichen Mißstände«. Alle paar Monate gibt es eine andere Definition. Man kehrt die natürliche Entwicklung um, während bei uns, in allen westlichen Ländern, zuerst die Kritik sich regt, dann sich häuft und schließlich in einer schlagenden Formulierung ihre gesammelte Kraft vereinigt und mit ihr vorstößt – ist in Sowjetrußland *zuerst* das Schlagwort da, dann häuft es sich, dann wandelt es unter die Massen und weckt schließlich und zuletzt die Kritik.

Wir sehen also in Rußland das primitive Anfangsstadium einer öffentlichen Meinung, die von oben gelehrt und genährt wird. Je nach Zeit und Bedürfnis lauten die Losungen: Verachtet die Verräter! Schmarotzer hinaus! Krieg den Chuliganen! An den Pranger mit den Bestochenen! Tod der Anarchie! – Dabei unterstützt die starke Neigung der kommunistischen Theoretiker zur populären Formulierung diese Methode des Meinungs-Diktats. Aus Lenins Schriften

allein lassen sich unzählige akustisch wirksame Parolen heraus-
klauben. Man wirft sie auf die Filmleinwand, in die Spalten der
Zeitungen, auf Plakate. »Die Industrialisierung ist die Grundlage
des sozialistischen Staates.« »Wir bauen den Sozialismus.« Diese
und andere Sätze wiederholen sich fortwährend, Resolutionen
wandeln sie ab, schaffen neue, auf Parteitagen werden Invokationen
geboren. Allmählich setzt sich die Losung im Gehirn fest und ersetzt das Argument. Es entsteht eine Uniformität – nicht so sehr der
Gesinnung, wie der Betrachtungsweise. Ich habe es in hundert Dis-
kussionen mit jungen Menschen, Arbeitern, Studenten, Beamten,
sogar obdachlosen Kindern (die ja bestimmt keine Broschüren lesen) erlebt, daß mir die verschiedensten Individuen, Berufe, Naturen, Gemüter, daß mir Melancholiker, Sanguiniker, daß mir Prole-
ten und Kleinbürger, Begabte, Dumme und Klügere, daß mir alle
diese Menschen *wörtlich* dasselbe auf meine Einwände erwiderten,
so, daß ich schon nach den ersten Antworten den ganzen Verlauf
der Unterredung auswendig wußte. Manchmal hörte ich wörtliche
Wiederholungen aus einem jüngst erschienenen Zeitungsartikel. Ich
habe mich deshalb allmählich daran gewöhnt, die Menschen in
Rußland nicht nach ihrer geistigen Qualität einzuschätzen, sondern
nach den Quellen ihrer Argumentationen. Das ist auch heute cha-
rakteristischer als etwa individuelle Begabungs-Unterschiede. Es
entsteht eine *allgemeine Nivellierung*, eine höchst einfache psycholo-
gische Landschaft mit ein paar deutlichen Orientierungstafeln. Es
gibt eine offizielle Gesinnung und eine approbierte Dialektik, die es
auch dem weniger Klugen gestatten, auf komplizierte Fragen zwar
nicht treffend, aber doch allgemein zu antworten. Und wer noch
nicht gelernt hat, Argument von Rhetorik und eine Kehle von einem
Grammophon zu unterscheiden, ist von der Schlagfertigkeit des
Durchschnitts verblüfft.

Je mehr man die Zeitungen liest, desto größer wird der Respekt
vor dieser gewaltigen Mobilisierung der Federn, der Schreibma-
schinen, der Zitate und vor der Mechanisierung der Gehirne. Nicht
journalistische Fachleute machen die Zeitungen, sondern gute zuverlässige Handhaber und Handlanger der Ideologie. Das was man
»journalistische Kleinarbeit« nennt, was das eigentliche Gerüst der
Zeitung ist, der Bericht des Tages und sein Spiegelbild, die nackte
dramatische Fabel des Lebens: das ist in den russischen Blättern

primitiv, dilettantisch, unbeholfen. Von den sechs Seiten einer Zeitung sind meist drei für Resolutionen, Konferenz- und Versammlungs-Berichte bestimmt. An den Tagen der Parteikonferenz bleibt kaum eine Seite für wichtige politische und andere Nachrichten aus dem Auslande. Dazu kommen obligatorische Artikel – auch wenn sie unaktuell und unwichtig sind – aus der Feder dieser oder jener Parteigröße, die gedruckt werden *müssen*. Es gibt dafür Artikel, die nicht geschrieben werden *dürfen* – wie zum Beispiel die des einzigen bedeutenden Journalisten der Partei: Karl Radek. Über den großen Brand in einer der größten Moskauer staatlichen Kinofabriken berichten *Moskauer* Blätter anderthalb Tage später. Es ist nicht die Geringschätzung des »Ereignisses«, die eine solche Unterlassung zu einer journalistischen Pflichtverletzung stempelt, sondern die gewaltige Unterschätzung des wirklichen, täglichen, blutvollen Lebens, die sich in der Gleichgültigkeit gegenüber dem Tag äußert und die gewaltige Überschätzung der rhetorischen, beinahe schon geschwätzigen, phrasenreichen und billigen Konferenzen-Didaktik, der blutleeren »Debatte«, die sich obendrein noch einbildet, lebendig zu sein, weil sie von Daten, Zahlen und Fakten ausgeht. Man geht in einen Saal, schließt die Fensterläden, zündet Licht an, nimmt Berichte zur Hand, paßt ihren Inhalt der Theorie an, oder (je nachdem) die Theorie dem Inhalt des Berichts und glaubt, mitten im Tag zu stehn, indes draußen, an den geschlossenen Fenstern vorbei der lebendige Tag abrollt. Und die Zeitung berichtet, was in den Zimmern vorging.

Man achtet dabei sehr scharf auf die Einhaltung der »Authentizität«. Man hat alles aus der sogenannten »ersten Hand«. In den Fabriken gibt es Arbeiterkorrespondenten, in den Dörfern Dorfkorrespondenten, in den Schulen Schülerkorrespondenten. Der Leser macht gewissermaßen seine Zeitung selbst. Die »Zuschrift aus dem Publikum«, der »Bericht des zufälligen Augenzeugen« werden in den Rang der sachverständigen Berichterstattung erhoben. Jeder sein eigener Journalist. Diese Erziehung zur lebendigen Mitarbeit an der Zeitung ist von enormer Wichtigkeit, und aus dem Experiment, das Sowjetrußland zum ersten Mal macht, wird einmal die Presse aller Länder zu lernen haben. Aber die Sowjetpresse gibt sich mit dieser privaten Authentizität zufrieden, und deshalb ist ihr »Zeitungsbericht« nicht mehr wert als eine primitive »Zeugenaussage«.

Das System der Leser-Korrespondenten verführt zu der falschen Überzeugung der Redaktion und auch der leitenden Politik, daß sie über alles gut unterrichtet seien. Woher diese Kenntnis? *Der Leser* (der Rab-Korr., der Sel-Korr. usw.) *hat es ja selbst gesagt!* Weiß diese junge Presse, weiß diese junge Regierung noch nicht, daß man zur Spiegelung des Lebens der Spiegel bedarf? Daß man aber keineswegs einen beliebigen Gegenstand, eine Teekanne oder eine Hacke oder ein Fleischmesser als Spiegel verwenden kann? Es ist eine physische Unmöglichkeit, sich selbst zu photographieren, das Objekt kann sich nicht durch die Linse betrachten. Deshalb gibt es in den russischen Blättern fast lauter richtige Tatsachen und fast lauter falsche Berichte; Geständnisse und keine Aufklärung; Angaben und keine Bilder. *Deshalb weiß der ausländische Journalist,* der die Augen aufmacht, *von Rußland mehr als sein einheimischer Kollege.*

Der ausländische Journalist (wie jeder Ausländer) ist übrigens Gegenstand der besonderen Aufmerksamkeit der russischen Presse. Ein Interviewer kommt. Welche Wichtigkeit! Ein Ausländer ist da! Man macht sich ein bißchen Amerika vor. Die meisten Ausländer fühlen sich gewaltig geschmeichelt. Der bourgeoise Vizedirektor einer westeuropäischen Sparkasse, zu Hause nichts mehr als ein braver Kartenspieler am Stammtisch, sieht sich im Lande der größten Revolution fett gedruckt. Er ist angekommen. Er wird eingeladen, Vorträge über Sparkassenbücher zu halten. Am nächsten Tag steht's in der Zeitung. Er bekommt eine Extra-Karte zur Besichtigung des Kreml. Am nächsten Tag kann man lesen, daß er im Kreml war. Einer der Führer der deutschnationalen Partei – bei uns nichts mehr als ein geachteter Parlamentarier und ein anständiger Professor – bekommt in Rußland einen Extra-Ehrenabend mit Bier – das wohl als ein besonderer symbolischer Respektshinweis auf den deutsch-nationalen Gedanken ist. Ja, auch zu mir, der ich doch selbst gewissermaßen »interviewen« kam, gelangten Interviewer und sie brachten dem staunenden Rußland die Kunde, daß ein Herr Joseph Roth angekommen sei – obwohl er ausdrücklich bemerkte, er sei kein Konservativer und habe gar keine Beziehungen zur deutschnationalen Partei! ...

Man sieht, was der russischen Presse fehlt: die Unabhängigkeit von der Regierung, die Abhängigkeit vom Leser und die Kenntnis der Welt. Die Rücksicht auf den Leser macht die Journalistik fruchtbar. Die Rücksicht auf die Zensur macht die Presse steril. Die voraussetzungslose, das heißt nicht: gesinnungslose Betrachtung der Welt macht einen Artikel lebendig und anschaulich. Die ideologisch gebundene Betrachtung der Welt verursacht provinzielle, kleinliche und außerdem falsche Berichte. »Provinziell« ist nicht etwa ein geographischer Begriff, sondern ein geistiger. Es ist gleichgültig, ob die Fessel enger Verhältnisse oder die eines starren Prinzips den Horizont einschränken. Und es ist auch vom Standpunkt der Sowjetpresse praktischer, die bürgerliche Welt zu *kennen*, gegen die man kämpft, und nicht in Entzücken zu geraten, wenn einmal ein Herr aus dem Jenseits in Moskau landet. Und man lernt nicht die Welt kennen, indem man einen Berg besteigt und sie von *einem* Standpunkt aus betrachtet, sondern im Gehen, indem man sie durchwandert. In Sowjetrußland aber sieht man die Welt von dem Turm aus, den die gesammelten und aufgestapelten Schriften von Marx, Lenin und Bucharin bilden ...

XVII. Die Schule und die Jugend

Frankfurter Zeitung, 18. 1. 1927

Es galt, in einem Land, in dem eine unzuverlässige und eher unterschätzende als übertreibende Statistik 75 Prozent Analphabeten feststellte, die Massen lesen und schreiben zu lehren. Vor dieser stofflich, zahlenmäßig schwer überwindlichen Aufgabe trat die Verpflichtung einer revolutionären Schulbehörde, die Verpflichtung, revolutionäre Erziehungsmethoden auszuprobieren und anzuwenden, zuerst in den Hintergrund. Heute noch, nach sieben Jahren, in denen unzählige Experimente gelungen oder mißlungen sind, nachdem Hunderte neuer Methoden, Tausende neuer Schultypen eingeführt und wieder aufgegeben worden sind, stehen die russischen Schulbehörden noch mitten im heißen *Kampf gegen den Analphabetismus*. Das vergessen Fremde, die nach Rußland kommen und die Einheimischen, die den Fremden neue Schulen und neue Ergebnisse zu zeigen berufen sind. Vorläufig lautet die Frage immer noch nicht: welche Erfolge hat die neue Erziehungsmethode in Sowjetrußland? – Sie lautet immer noch: Wie viele Analphabeten hat Sowjetrußland?

Die Antwort auf diese Frage erwartet man von der Statistik. Diese ist im neuen Rußland leider nicht nur im allgemeinen unzuverlässig. Sie ist im besonderen auch *optimistisch*. Sie verleitet die Phantasie, zu der Zahlen eindringlicher sprechen als Kunstwerke, zu Additionsfehlern; besonders in einem Lande, in dem die Statistik doch beinahe keine reale Voraussetzung hat. Ich erwähne bei dieser Gelegenheit, was man in Rußland und in Europa bis jetzt übersehen hat, daß seit 1910 in Rußland *keine Volkszählung stattgefunden* hatte. Auch die vom Jahre 1910 war höchst unzuverlässig. Erst kürzlich (also 1926) begann man in Rußland, die Menschen zu zählen. Und ob man damit fertig wird, weiß nicht einmal die Kommunistische Partei. Eine Volkszählung, im Jahre 1922 eingeleitet, führte zu keinem Resultat. (Damals ließen sich in einem abgelegenen Gouvernement zwanzig Bauern lebendig begraben, um nicht mitgezählt zu werden. Als der Tag, an dem der Schreiber gekommen war, verstrich, grub man die Bauern wieder aus. Fünf sollen erstickt sein.) Heute noch kann man in Rußland nicht etwa wie bei uns jeder Familie einen Fragebogen zustellen. Man muß Beamte in die Häuser schicken und die Leute im wörtlichsten Sinne: *zählen* lassen. Wo ist da die Zuverlässigkeit aller bisher gemachten Statistiken? Woher weiß man, um wieviel Prozent weniger Analphabeten sind, wenn man die Zahl aller Einwohner des Landes gar nicht kennt?

Es wird, oberflächlich geschätzt, jetzt nur noch 10 Prozent Analphabeten geben. Man ermißt daran die verhältnismäßig geringe Rolle der Schulreformen. Man ermißt daran die ungeheuren Schwierigkeiten: erstens befiehlt die agitatorische Reputation, alle bürgerlichen europäischen Länder auf dem Gebiet des Schulwesens zu überholen; zweitens muß man Europa, hinter dem man um hundert Jahre zurückgeblieben ist, wenigstens erreichen. Mit etwa 20 Prozent der Bevölkerung kann man die allermodernsten Erziehungsexperimente machen. Bei weiterer dreißig Prozent muß man das Experimentiertempo mäßigen. Der ganze Rest muß erst eine mühsame Bekanntschaft mit dem Alphabet schließen.

Man sieht also in Rußland zuerst nicht etwa lauter überraschend neue Schulen – vorausgesetzt, daß man nicht zu Besichtigungszwecken herumgeführt wird –, sondern lauter *Analphabetenkurse.* (Das ist kein Tadel, sondern ein Lob.) Sie sind überall eingerichtet: in den Fabriken, in den Arbeiterheimen, in manchen Sanatorien, in den Rekonvaleszentenheimen, in Gefängnissen, in den Kasernen, in den Klubs auf dem Lande, in den Klubs in den Städten. Eine allgemeine Schulpflicht im westeuropäischen Sinn ist immer noch nicht durchgeführt. Immer noch kommen in den Dörfern etwa nur 50 Prozent von den schulpflichtigen Kindern in die Schule. Aber wichtiger als eine rigorose Durchführung der allgemeinen Schulpflicht ist der allgemein geweckte, sehr lebendige Ehrgeiz der Halbwüchsigen und der Erwachsenen, lesen und schreiben zu können. Das Alphabet, der Druck, die Zeitung und das Buch sind nicht mehr gefürchtetes oder gescheutes »Teufelswerk« wie im zaristischen Rußland. Die Verhältnisse werden kompliziert, und das gesprochene Wort reicht selbst innerhalb der engen Gemeinschaft eines einzigen Dorfes nicht mehr als Verständigungsmittel aus. Die weitaus größere Hälfte des Budgets für Erziehung und Unterricht wird für den Kampf gegen das Analphabetentum ausgegeben.

Daneben – aber erst an zweiter Stelle – stehen die neuen Erziehungsanstalten, die neuen Schulmethoden, die neuen – geglückten und mißlungenen – Experimente. Sie haben drei Grundtendenzen verfolgt: erstens, die Jugend mit dem sogenannten »kollektivistischen Bewußtsein« zu erfüllen; zweitens, sie für eine praktische Tätigkeit innerhalb einer dem Sozialismus entgegenschreitenden Gemeinschaft heranzubilden; drittens, sie zur Areligiosität, wenn nicht zur Antireligiosität zu erziehen.

Man sieht, daß die Tendenzen der Erziehungsreformen viel klarer sind als die heute mögliche Einsicht in die geschichtliche Entwicklung der russischen Revolution und des russischen Landes. In diesen paar Jahren aber zeigte es sich, daß die Entwicklung nicht so grade verläuft, wie ein übersichtlich aufgezeichneter Schulplan; daß die Spannung, die schon von vornherein zwischen den Dimensionen des Lebens und den ihm nur scheinbar angepaßten Theorien besteht, sich noch vergrößert, je mehr man den Zwischenraum einengt, der zwischen der Anschauung und der Realität naturnotwendig vorhanden ist; daß zwischen dem Tempo, das man berechnete, und dem Tempo, das dann einsetzt, ein Unterschied fühlbar wird; und daß allein die Anzahl der Experimente noch nicht ihren Erfolg sichert.

Aber nur um den Erfolg handelt es sich. Wir fragen nicht nach dem Weg, sondern nach dem Ziel. Wir fragen nicht nach dem Beginnen, sondern nach dem Ergebnis. Uns interessiert der Schüler mehr als der Lehrer und die Schule – und was einer geworden ist, scheint uns wichtiger, als wie er es geworden ist. Es gibt in Sowjetrußland einige Musterschulen, die sich allen Fremden zeigen dürfen; eine Unmenge schöner pädagogischer Ideale, die man jedem vorträgt: ein ungeheures quantitatives Wachstum von Schulen, Instituten, Schülern, auf das man stolz ist; Programme, die man überall abdruckt, und die sehr repräsentativ sind. Ich wiederhole hier, was man in vielen Zeitschriften finden kann und vielleicht schon gefunden hat:

In Rußland gibt es nicht »Volks«- und »Mittelschulen«. Es gibt die sogenannte *Einheitsschule*. Sie hat zwei Grundabteilungen: die erste für Kinder von drei bis sieben Jahren, mit Kindergärten, Spielplätzen, Erziehungshäusern; die zweite, die wieder in zwei Unterabteilungen zerfällt: in den vierjährigen Allgemeinbildungskurs und in den fünfjährigen Kurs der »praktischen Orientierung«. Der letzte fünfjährige Kurs zerfällt wieder in zwei Unterabteilungen: die ersten drei Jahre bereitet sich der Schüler praktisch und theoretisch auf seinen Beruf vor; in den letzten zwei soll er seine allgemeine Bildung vertiefen und zugleich die Vorbereitung für seinen Beruf noch konkreter und enger erleben. Für aktive Arbeiter und Lehrlinge gibt es die sogenannte »professionell-technische Ausbildung«, und zwar: a) den vierjährigen Kurs der unteren professionell-technischen Schule und b) den vierjährigen »Spezialisierungskurs in einer technischen Lehranstalt«. Es gibt verschiedene »Technica«: mechanische, handelsökonomische, künstlerische, kunstgewerbliche, elektrotechnische, landwirtschaftliche. An »allgemeiner Bildung« vermitteln sie: Kulturgeschichte, Gesellschaftskunde, Literatur, Politik, Ökonomik usw. Es gibt 524 derlei »technische Hochschulen«, die keineswegs unseren Hochschulen entsprechen, sondern eher unseren Gewerbeschulen. Außerdem sind bei jeder höheren Schule sogenannte »Arbeiter-Fakultäten« (»Rab-fak«) für erwachsene Arbeiter errichtet. Der dreijährige Kurs einer Arbeiterfakultät soll den Schüler reif zum Studium an der Universität machen.

Von einer ganz besonderen Art sind die *Dorfschulen*, ländliche Formen der unteren Einheitsschule. Sie sind das ganze Jahr offen, auch während ein Teil der Kinder bei der Sommerarbeit ist. Der Unterricht findet im Sommer im Freien statt. Es gibt keine Klassen im alten Sinn. Die Hauptgegenstände sind: Lesen, Schreiben, Rechnen, landwirtschaftliche Allgemeinkenntnisse und »politische Grammatik«, das heißt: die politischen Elementarbegriffe. Von besonderer Wichtigkeit sind die Feste und Feiertage, die geschickt zu didaktischen Zwecken ausgenutzt werden.

Selbstverständlich sind die Schultaxen gering. Sie betragen 1 Rubel im Monat, wenn die Eltern bis zu 100 Rubel Einkommen haben, und steigen mit der Höhe des Einkommens bis zu 12 Rubel. Kaufleute und »unproduktive Elemente« zahlen ungefähr 25 Rubel monatlich. Mittellose Studenten erhalten eine Bettstelle umsonst, ein Essen und 30 Rubel monatlich. Deshalb ist das Professorenhonorar sehr gering, es beträgt etwa 100 Rubel. Es gibt einen gewissen, sehr schüchternen und nicht mehr aufrechtzuerhaltenden numerus clausus, dem zufolge 70 Prozent der Studierenden aus dem Arbeiter-

und Bauernstand hervorgegangen sein müssen. Nach der letzten Statistik waren nur 26 Prozent Bauern- und nur 24 Prozent Arbeiterkinder. Der Rest kam aus dem Angestelltenstand und aus den Häusern geistiger Arbeiter. Selbstverständlich werden bei drohender Überfüllung – und überfüllt sind jetzt die meisten russischen Hochschulen – zuerst Arbeiter und Bauern beziehungsweise deren Kinder berücksichtigt. Nachkommen der sogenannten »unproduktiven Elemente« oder der neuen Bürger haben einen schweren Stand an den russischen Hochschulen.

Es gibt *71 Universitäten* (die in einem andern Zusammenhang behandelt werden), von denen nur 18 unseren Universitäten entsprechen, 19 landwirtschaftliche Hochschulen, 10 pädagogische Institute und viele andere spezielle Hochschulen. Von den Lehrern sind etwa 6 Prozent kommunistisch. Es ist charakteristisch, daß im allgemeinen die Dorfschullehrer einen größeren Prozentsatz der Partei liefern als die Stadtschullehrer. Auch wird den Dorflehrern der Eintritt in die Partei sehr leicht gemacht. Von den städtischen Lehrern sind die meisten früheren Mittelschullehrer konservativ, die meisten Volks- und Bürgerschullehrer sowjetfreundlich. Von den Hochschullehrern sind verhältnismäßig wenige mit der neuen Ordnung der Dinge einverstanden. Die meisten bleiben auf dem neutralen Gebiet der Wissenschaft, schweigen gründlich über Politik und genießen eine gewisse Achtung als Verwalter des wissenschaftlichen Kulturgutes, das es zu erben gilt. Man bewahrt die Professoren ungefähr so wie museale Werte, auch wenn sie eine deutliche und sogar tendenziöse, wenn auch passive Reminiszenz an die alten Zeiten darstellen. Das gehört zu den stillschweigenden Waffenstillstandsbedingungen, die sich im Laufe der Jahre konstituiert haben und im allgemeinen eingehalten werden. Übrigens gibt es auch kommunistische Universitätsprofessoren und mehrere (aufrichtig oder diplomatisch) »sympathisierende«, wie man hierzulande die Bewahrer einer wohlwollenden Neutralität nennt.

Es ist die schlimmste Eigenschaft der russischen Statistiken, daß sie sogenannte »nackte Tatsachen« verhüllten Ergebnissen vorziehen.

Ein Zufall führt mich in Leningrad zu einem Vortrag, zu einem Bericht über psychotechnische Prüfungen an Hochschulkandidaten in der Stadt Leningrad. Der Vortrag war nicht für mich bestimmt, sondern nur für Ärzte und Pädagogen. Die Nachlässigkeit eines Türhüters, der nicht nach Legitimationen fragte, verschaffte mir Kenntnis von den überraschenden Resultaten einer psychotechnischen Prüfung, die der Vortragende, ein ernster Wissenschaftler, ein Professor, der übrigens der Sowjetregierung ein Freund ist, vorgenommen hatte.

Der Professor erzählte, daß er Absolventen der Mittelschule (das heißt in Rußland: der höheren Kurse der Einheitsschule), also die jungen Leute, die Universitäten beziehen, einen einfachen Satz zu konstruieren gebeten hatte, dessen wichtigste begriffliche Bestandteile gegeben waren. Es galt also, aus den drei Begriffen, zum Beispiel: Papier, Bleistift, schreiben – einen Satz zu bilden. Und es geschah das Merkwürdige, daß achtzig von hundert Schülern *vollkommen versagten*; daß einige den Satz zwar bildeten, aber grammatikalisch falsch, zum Beispiel: ich schreibe mit des Bleistifts auf das Papier – wobei zu beachten ist, daß im Russischen jeder Fall die Endung des flektierten Substantivs verändert, so, daß grammatikalische Fehler leichter unterlaufen als im Deutschen, wo der Artikel selbst schon starke Hemmungen hervorruft. Nur einige wenige konnten einen einwandfreien Satz bilden.

Ebenfalls in Leningrad wurde die Feststellung gemacht, daß die besten Fortschritte die im Zentrum lebenden Schüler zu verzeichnen hatten, die langsamsten die an der Peripherie wohnhaften. Das heißt: daß die bourgeoisen Schüler leichter lernen als die proletarischen. Die gehässige Freude, mit der das russische Bürgertum diese Nachricht und ähnliche aufnimmt, ist nicht nur unangebracht, sondern auch verfrüht. Denn es ist selbstverständlich, daß der Abkömmling einer alten Beamten- oder Gelehrtenfamilie eine leichtere Auffassungsgabe ins Leben mitbringt als der Nachkomme von Bauern und Arbeitern. So was gibt sich mit der Zeit. Aber man vergißt die Vorläufigkeit dieser Ergebnisse, wenn man an die offizielle und chronische Tendenz der Regierung und der Schulbehörde denkt, den proletarischen Kindern das Studium zu erleichtern, den bürgerlichen zu erschweren; ferner an die programmatische Neigung der Behörden, derlei Talente wie leichte Auffassungsfähigkeit, flinke

Intelligenz, Kombinationsgabe als spezifisch »bürgerliche« Begabungen geringer einzuschätzen als etwa den geraden, einfachen und gewiß heroisch-edlen Gemeinschaftssinn der simpleren Individualität. Dann kommt man zu der Einsicht, daß auf die Dauer die Erziehung zum »Kollektivismus« die Ausbildung zum wissenden, also *freien* Menschen behindert. Zu dieser Einsicht kommen allmählich auch die russischen Schulbehörden. Und je mehr Experimente mißlingen, desto sorgfältiger greift man hier auf alte Methoden und alte Bildungsprinzipien zurück. Deshalb kann ein abschließendes Urteil nicht gegeben werden. Alle Ergebnisse sind vorläufige.

Vorläufig sind glücklicherweise auch die negativen Ergebnisse – also zum Beispiel die oben erwähnten Resultate der psychotechnischen Prüfungen in Leningrad. Sie sehen übrigens nur auf den ersten Blick so verblüffend aus. Sie beweisen nämlich nicht etwa die rettungslose Dummheit jener Hochschulkandidaten, sondern nur ihre Einseitigkeit. Der junge Mann, der keinen einfachen Satz bilden konnte, kann wahrscheinlich eine Versammlung leiten, einen Kassenbericht machen, einen der heute üblichen Zeitungsartikel hersagen oder auch schreiben – denn alle Bestandteile eines Zeitungsartikels, einer Rede, eines Berichtes liegen fix und fertig da, die Phrasen, die Weltanschauung, die Argumente sind in Konservenbüchsen vorhanden, man braucht nichts zu kochen, nichts vorzubereiten. Der junge Mann weiß gewiß, was ein Ausbeuter und was ein Ausgebeuteter ist, eine Sozialisierung und eine politische Reaktion, eine »bürgerliche Ideologie« und der Bergarbeiterstreik in England. Aber er kann eben keinen Satz bilden – denn er ist nicht erzogen zum *Kombinieren*. Man hat ihm die natürliche Veranlagung des menschlichen Geistes, Zusammengehöriges zu verbinden, Fremdes zu eliminieren, gründlich abgewöhnt. Man hat ihn mit festen, für die Ewigkeit geschmiedeten Gedanken- und Wortkomplexen genährt und ihm die fruchtbare Mühe der selbständigen Synthese und Analyse abgenommen. Man hat ihn ferner aus Angst vor der »Philologie«, die in Rußland bürgerlich verdächtig ist, von der Sprache weggeführt, vom Wort, von der Logik der Grammatik – zur simpleren Logik der »Tat« und der Maschine, zu der robusteren Struktur des Mechanismus und der menschlichen Gesellschaftsformen. Nicht die philologische Unkenntnis rächt sich, sondern die *künstliche, wenn auch nicht absichtliche Entfremdung von der Sprache*, in deren Gesetzen die primäre, gründliche, fundamentale Logik des menschlichen Geistes eingeschlossen ist. Man hat aus Angst vor dem »Humanismus« den Schüler aller »Humanität« im geistigen (nicht im ethischen) Sinn beraubt, der natürlichen humanitären Talente. Man hat ihn zu einem »Mitglied der Gemeinschaft« erzogen und zu einem »Fachmann«, zu einem gläubigen Optimisten und einem Fanatiker der »Realität« und ihres Ausdrucks: der Statistik. Es ist grotesk, wenn mir ein Universitätshörer von einer »Kommunikation« spricht, innehält, zweifelt, sich besinnt und mich mit einem plötzlichen Entschluß fragt: »Wissen Sie, was das ist: Kommunikation?« – Er glaubt, der Arme, »*Kommunikation*« sei eines der vielen neuen *russischen* Worte.

Ich möchte den Wert zufällig erlauschter Geständnisse nicht überschätzen. Ich halte die Ergebnisse der Leningrader psychotechnischen Prüfungen nicht einmal für typisch. Sie *erklären* nur den augenblicklichen Stand der Dinge. Sie erläutern nur die Tatsache, daß *vorläufig* die neuen Methoden in Sowjetrußland die Hoffnungen nicht erfüllen. Der Zustand ist kein chronischer, sondern ein akuter. Es ist theoretisch möglich, daß die Erziehungssysteme in Rußland auch bessere Erfolge zeitigen und eine vollkommenere Bildung vermitteln.

(Schluß)

Frankfurter Zeitung, 19. 1. 1927

Der junge russische Mensch ist »Komsomol«, das heißt: er muß nicht etwa nur marschieren, trommeln, organisieren, leiten – – er muß sich mit der »Ideologie« anfüllen, er muß ein »Staatsbürger« sein, er muß in »Kommissionen« beraten, was in der nächsten Woche zu unternehmen sei, er muß Versammlungen einberufen, in denen »Resolutionen abgefaßt werden« – »gegen« oder »für« einen Lehrer, ein Buch, eine Theateraufführung, er muß einer Zeitung »berichten«, er muß mit seiner Klasse ein »Patronat« übernehmen, für ein Dorf, für eine Fabrik, für obdachlose Kinder. Man ahnt gar nicht, wie schwer es ist, ein Staatsbürger zu sein. Man muß in Fabriken gehen, um dort »das Leben« kennen zu lernen denn »Leben« ist natürlich das »rollende Rad«, und die Intensität des Lebens ermißt man an der Zahl der »rauchenden Schlote«.

Was die sogenannten »Schul«- und »Hausaufgaben« betrifft, so schreibt man zum Beispiel nicht mehr die Inhaltsangabe eines kitschigen Lesebuchstückes, wie wir es taten, sondern die eines fürchterlich schlechten Feuilletons der »Iswestija« über Traktoren, – wobei die Nützlichkeit der Traktoren-Kenntnis reichlich aufgehoben wird durch die Schädlichkeit, die ein hohler, phrasenreicher, unselbständiger Zeitungsartikel aus zehnter Hand verursacht. Man lernt nicht mehr die Jahreszahlen der Könige und Kriege, sondern die statistischen Daten der Landwirtschaft, des Handels, der Industrie der europäischen und amerikanischen Staaten, zeichnet lange, längere und kurze Säulen mit grüner, blauer und roter Tusche – in jede Säule mit schwarzer Tinte eine Zahl und weiß dann, wieviel die Ernteerträgnisse in Deutschland, England, Frankreich sind. Aber die richtigen historischen Jahreszahlen, die wir gelernt haben, waren nicht mehr totes Material als die nur relativ richtigen statistischen Zahlen, die man in Rußland auch so tot sein läßt wie unsere Könige. Toter als jedes verschimmelte Lesebuch ist eine schlechte Zeitung, und die »Aktualität« hängt nicht vom Jahrhundert ab, in dem sie sich ereignet, sondern von der Bedeutung eines Ereignisses für heute. Es ist unbedingt falsch und töricht, etwa die Kreuzzüge als die Folge der Expansionsbestrebungen der mittelalterlichen italienischen Kaufmannschaft, also der »Bourgeoisie« jener Zeit, zu erklären und dadurch im Schüler die Vorstellung hervorzurufen, die Kreuzritter wären so etwas wie die modernen Heeresleitungen gewesen und hätten für die »Eröffnung neuer Absatzmärkte« ihr Blut vergossen. Die Pharaonen waren eben keine »Arbeitgeber« und die unterdrückten Kinder Israels kein »ausgebeutetes Proletariat«. Es geht nicht mit der Zwangseinquartierung der willkürlich konstruierten »Parallelität« in die Geschichte. Es geht nicht mit der Einimpfung eines banalen Optimismus, der nur proletarisch gefärbt, aber im Wesen derselbe ist, wie er in Amerika grassiert und die evangelische Pastorenphilosophie vom »Unfug des Sterbens« erzeugt. Es ist bürgerlich – und nicht revolutionär –, Gefühlswerte zu unterschätzen, wie es bürgerlich ist, sie zu überschätzen. Die Angst vor der »Sentimentalität« ist ebenso reaktionär wie die Sentimentalität. Man erzieht durch Arbeit und Wissen zur Freiheit, nicht durch die Übersetzung der Boy scout-Idee in die rote Pionier-Idee und auf keinen Fall durch das ewige Einexerzieren der toten ideologischen Formeln und der Versammlungs-Liturgien. Es handelt sich auch nicht nur darum, gläubige Staatsbürger zu erziehen, tüchtige Spezialisten und gesunde Normal-Proletarier, sondern Menschen mit gleichmäßig ausgebildeten Organen und Fähigkeiten. Die russische Schule, so, wie sie heute ist, erzieht zur einseitigen – und was noch schlimmer ist – zur *halben Bildung*.

Vor kurzer Zeit noch konnte jeder, der drei Jahre lang eine Arbeiter-Fakultät besucht hatte, in die Universität gelangen. Jetzt macht man Prüfungen. Vor kurzer Zeit noch bekamen Arbeiter eine »Komandirowka« in die Universität – sie wurden zur Hochschul-Bildung kommandiert. Jetzt, da die Prüfungen eingeführt sind, überzeugt man sich sehr schnell, daß ganz andere Voraussetzungen für das Studium nötig sind, als zum Beispiel eine gute Gesinnung und ein gewisser Grad von Intelligenz. Sehr viele Kandidaten fallen durch. Die Hochschulen füllen sich langsam wieder mit den Söhnen der Bourgeoisie, der großen, der kleinen, der alten, der neuen. In der Statistik figurieren sie freilich als Söhne der »Angestellten« (»slushastschie«), der »Dienenden«. Aber man muß schon in Rußland sein, um zu sehen, daß achtzig Prozent dieser »Angestellten« vor der Revolution Kaufleute, Gutsbesitzer, Beamte, Offiziere, Bankiers, Direktoren großer Unternehmungen und freie Berufe waren.

Vor noch nicht langer Zeit mußte ein ausgesprochen bourgeoiser junger Mann, also einer, der kein Komsomolbillett hatte, noch schnell zu einem Schmied oder einem Schneider in die Lehre gehen, um auf dem Umwege über den »Gehilfen« oder den »Arbeiter« die Hochschule beziehen zu können. Was war die Folge? Die doppelte Überlegenheit des begabten Bourgeois, der auch noch arbeiten gelernt hatte. Eine »Arbeiter-Psychologie« hat so ein Kaufmanns- oder Professorensohn nicht bekommen. Noch weniger »Arbeiter-Psychologie« bekommen die Bürgersöhne in den Pionier- und Komsomol-Organisationen. Sie wissen, was es bedeutet, Komsomol zu sein und daß es die Karriere in Rußland sehr erleichtert, wenn man brav am Sonntag marschiert, Manifeste lernt, Zeitungsartikel memoriert und schließlich einmal durch die enge Pforte der Partei schlüpft. Sie marschieren also, stellen sich vor der Pforte an, warten geduldig – und man müßte ein außergewöhnlich begabter Prophet sein, um zu erkennen, wer aus egozentrischem Drang zur Wirkung und wer aus Idealismus am Sonntag marschiert. In unsern Schulen waren die Idealisten sehr schnell von den Duckmäusern zu unterscheiden. Jene waren revolutionär, obwohl ihnen Gefahr drohte. Diese waren kleine Tartüffes und hatten ein ausgezeichnetes »sittliches Betragen«. Da aber in Rußland die revolutionäre Gesinnung keine Gefahren mehr birgt, sondern nur Auszeichnungen verspricht und der Zutritt zur Partei vom »sittlichen Betragen«, vermehrt durch Marsch- und Versammlungs-Übungen abhängig ist – woran sollte man den Revolutionär erkennen? Er sieht dem Tartüffe verdächtig ähnlich, aber er hält kein Gebetbuch und keinen Rosenkranz in der Hand, sondern einen Stern und eine Fahne.

Was ist denn an unserem Lesebuch, unserer Schule, unserer Erziehung kleinbürgerlich? Die Enge des Gesichtsfeldes und *weniger, was in diesem Gesichtsfeld gelegen* ist; die Monotonie der Lehre und weniger ihr Inhalt; die Form des Ideals und nicht sein Gehalt. Und selbst wenn es der Inhalt des Gesichtsfeldes, der Lehre, des Ideals gewesen wäre – um wieviel dringender bedürfen neue Ziele neuer Wege? Aber die ungerechte, kurzsichtige, im Grunde reaktionäre Verachtung des offiziellen Kommunismus für die Form, das Gewand, den Weg erzeugt den Glauben, daß man ungestraft neuen Wein in alte Schläuche gießen könnte. Der offizielle Kommunismus leugnet die natürliche Einheit von Körper und Haut, Stoff und Kleid, er nennt den Glauben an diese Einheit »bürgerlich«, er hält es für revolutionär, die Form gering zu schätzen, ja, er hat keinen Sinn für sie. Die Folge davon ist, daß er in die Sprache der bürgerlich-mittelmäßigen Welt, die er selbst zertrümmern wollte und die er mehr beerbt als zerschlagen hat, die neuen Ideen packt. Er hat, unendlich primitiv, die uralte Phrase, abgewetzt, durchsichtig, billig, für seine neuen Zwecke gut zu verwenden geglaubt. Er hat ja kein Ohr für den schäbigen Klang einer »Äußerlichkeit«, und wenn es ihm gegeben ist, verstopft er es. Zu den Märschen, die uns zum letzten Gang für Kaiser und Reich begleiteten, kann man nicht in die Weltrevolution ziehn. Man kann nicht Pioniere der Revolution mit denselben Mitteln erziehen wie patriotische Jugendbünde, man kann ihnen nicht schlechte Gedichte zu lernen aufgeben, die statt einer königstreuen Tendenz eine revolutionäre haben, man kann nicht vom Proletariat in demselben Ton sprechen, in dem man etwa vom alten »Vaterland« oder von den »heiligen Gütern der Nation« gesprochen hat, ein »frommer Spruch« bleibt immer verlogen, ob er uns nun erzählt, daß Morgenstunde Gold im Munde hat oder daß der Kapitalismus des Westens in Agonie darniederliegt. Es ist töricht und selbstmörderisch, jeden Tag die Grammophonplatte vor den Schülern rotieren zu lassen, die das Lied vom nahen Sieg der Weltrevolution, von Rußland als dem Land der Zukunft, von der überwältigenden Abnahme des Analphabetismus enthält, und darüber die Stimme des Lebens zu überhören. Man gibt den russischen Kindern und jungen Menschen eine festgefügte Anschauung von den Dingen ihres Landes, ihrer Klasse, ihrer Zeit, während *gerade diese* Dinge sich mit einer unglaublichen Schnelligkeit verändern. Man fälscht ihnen das augenscheinlich Relative in Absolutes um. Man zeigt ihnen als Ergebnis, was gerade jetzt ein Experiment ist. Was Rußland erst ausprobiert, serviert man der jungen Generation als gelungen. Der russische Schüler tritt genau so unvorbereitet ins Leben wie wir. Das russische Leben ist von der russischen Schule genau so weit entfernt, wie zu unserer Zeit die Wahrheit von der Sentimentalität entfernt war, mit der wir gefüttert wurden. Eine kitschige Büste von Lenin im Klassenzimmer ist genau so schädlich wie ein kitschiger Öldruck vom Kaiser. Es ist die Draperie und nicht die Farbe, welche die Wirkung der Fahne auslöst, und auf den Farbenunterschied allein darf man sich nicht verlassen. Was machte denn unsere Kadettenschulen so lächerlich? – Der Korpsgeist in einer banalen Darstellung. In Rußland sind die meisten Schulen Kadettenschulen. Statt der Erziehung zum Korpsgeist eine Erziehung zum Klassengeist – wie gut wäre das noch! Aber die *Darstellung* ist von der Kadettenschule übernommen. Man verwechselt Kollektivismus mit Uniformität; man erzieht zwar zu einem Idealismus, aber zu einem, der wenig kostet und manches einbringen kann; zu einer Hingabe an die Sache, die aller Voraussicht nach belohnt wird. Man erzieht zu der Hingabe an ein »Ideal«, das in einem braven bürgerlichen Rahmen an der Wand hängt, über der Schultafel, und darunter steht nicht mehr: »Mit Gott für König und Vaterland!« sondern: »Justament ohne Gott für die ›Ideologie‹, für das Proletariat, für die Industrialisierung, gegen die Philologie und gegen die ›Romantik‹.« Um den Schüler vollkommen mit der »Realität des Tages« vertraut zu machen, läßt man ihn Zeitungsartikel lesen, deren orthodoxe Umfälschung der Tatsachen einen jungen Menschen gewiß tausendmal mehr der Realität entfremdet als etwa eine Fleißlektüre der Äschylus-Dramen. Man fürchtet den kritischen Individualismus wie eine ansteckende Krankheit, deshalb steckt man den jungen Menschen mitten in eine fiktive Gemeinschaft, läßt ihn Wurzel schlagen in einem sozialen Phantasiegebilde, erweckt in ihm den Glauben an nicht-existente Gewalten, an Siege, die nicht errungen, an Niederlagen, die nicht erlitten wurden. Man lehrt ihn, eine Maschine zusammensetzen, mit der Hand arbeiten und glaubt: er wäre dadurch »praktisch« geworden. Aber ein Mensch, der nie in seinem Leben eine Fabrik gesehen hat und Plato studiert, kann – er muß freilich nicht – tausendmal praktischer das Leben angreifen und es betrachten als ein Student, der sich die »schwielige Faust« erstudiert hat, weil man praktisch ist, wenn man gelernt hat, *kritisch* zu sein, und höchst unpraktisch, wenn man dressiert wurde, mit einem ahnungslosen, banalen, amerikanischen Optimismus zu *glauben*. Das ist das »Coué-System« auf Politik und Erziehung angewandt. In ganz Rußland sagt man sich jeden Morgen: »Es geht mir mit jedem Tag besser und besser.«

Dennoch wäre es falsch und ungerecht, die positiven Wirkungen zu verschweigen, die in Rußland die Durchbrechung des Anciennitätsprinzips gebracht hat. Daß das Rekrutenerziehungssystem abgeschafft ist, der Schüler über den Lehrer urteilen darf und über das Gelernte; daß der junge Mensch aufhört, nur deshalb weniger Mensch zu sein, weil er weniger Jahre zählt; daß weißhaarige Dummköpfe auch von Bartlosen Dummköpfe genannt werden dürfen – – das führt zu Ausschreitungen freilich, zu unbegründeten Frechheiten, zur arroganten majestas des Grünschnabels – – aber es bedeutet auch die Eröffnung neuer Möglichkeiten, die Befreiung bisher unterdrückter kritischer Kräfte und Instinkte. Es bedeutet auch, daß die Kritik der Jugend nach einigen Jahren gerade jene Gottheiten angreifen wird, zu denen sie heute täglich beten muß. Ja, diese Kritik beginnt heute schon. Einzelne Schüler empören sich heute schon gegen ewig wiederholte Banalitäten, gegen offizielle Schulfeier-Reden, gegen den Kitsch der pathetischen Lesebuch-Verherrlichungen, gegen die Einseitigkeit der angeordneten Welt-Betrachtung. Sie benützen ausdrücklich das Recht der freien Meinungs-Äußerung. Es gibt wieder Rebellion gegen die neue Mittelmäßigkeit, nachdem es wieder Vorzugsschüler der kommunistischen Ideologie gibt. Es ist das Verdienst der Revolution, daß diese Rebellen *gegen die heutigen Sachwalter der Revolution* rebellieren dürfen, freier, als wir es in unseren Schulen konnten. Und diese befreite

Kritik ist die Zukunft Rußlands und der Revolution – *nicht* die Million der braven, gehorsamen, gläubigen Komsomols.